LENGUAJE CORPORAL

¡Su guía resumida para leer exitosamente a las personas!

(Habilidades modernas para mejorar la comunicación)

Erik Orta

Publicado Por Daniel Heath

© **Erik Orta**

Todos los derechos reservados

Lenguaje corporal: ¡Su guía resumida para leer exitosamente a las personas! (Habilidades modernas para mejorar la comunicación)

ISBN 978-1-989853-30-6

Este documento está orientado a proporcionar información exacta y confiable con respecto al tema y asunto que trata. La publicación se vende con la idea de que el editor no esté obligado a prestar contabilidad, permitida oficialmente, u otros servicios cualificados. Si se necesita asesoramiento, legal o profesional, debería solicitar a una persona con experiencia en la profesión.

Desde una Declaración de Principios aceptada y aprobada tanto por un comité de la American Bar Association (el Colegio de Abogados de Estados Unidos) como por un comité de editores y asociaciones.

No se permite la reproducción, duplicado o transmisión de cualquier parte de este documento en cualquier medio electrónico o formato impreso. Se prohíbe de forma estricta la grabación de esta publicación así como tampoco se permite cualquier almacenamiento de este documento sin permiso escrito del editor. Todos los derechos reservados.

Se establece que la información que contiene este documento es veraz y coherente, ya que cualquier responsabilidad, en términos de falta de atención o de otro tipo, por el uso o abuso de cualquier política, proceso o dirección contenida en este documento será responsabilidad exclusiva y absoluta del lector receptor. Bajo ninguna circunstancia se hará responsable o culpable de forma legal al editor por cualquier reparación, daños o pérdida monetaria debido a la información aquí contenida, ya sea de forma directa o indirectamente.

Los respectivos autores son propietarios de todos los derechos de autor que no están en posesión del editor.

La información aquí contenida se ofrece únicamente con fines informativos y, como tal, es universal. La presentación de la información se realiza sin contrato ni ningún tipo de garantía.

Las marcas registradas utilizadas son sin ningún tipo de consentimiento y la publicación de la marca registrada es sin el permiso o respaldo del propietario de esta. Todas las marcas registradas y demás marcas incluidas en este libro son solo para fines de aclaración y son propiedad de los mismos propietarios, no están afiliadas a este documento.

TABLA DE CONTENIDO

Parte 1 1

Introducción 2

Capítulo 1: El Significado De Tus Señales Verbales Y No Verbales.. 6

¿Cuáles Son Las Señales No Verbales?.................................... 8
¿Por Qué A Veces No Coinciden Las Señales No Verbales Y Las Verbales? 9
¿Por Qué Estas Señales No Verbales Son Importantes? 11
Significado Del Lenguaje Corporal... 13

Capítulo 2: El Papel De La Percepción 15

Fundamentos Del Lenguaje Corporal 20
- *Postura:* 20
- *Expresión Facial:* 21
- *La Voz Y El Habla:* 22
- *Gestos:* 23

Capítulo 4: Identificación De Rasgos No Deseados 25

Identificar Al Obstinado En Una Reunión:............................ 27
Deshonestidad: El Camino A La Destrucción......................... 29
Habilidades Para Hacer Presentaciones: Cómo Evaluar Y Mostrar El Lenguaje Corporal Correcto Para Asegurar El Éxito.. 31
¿Cómo Averiguar Si Tu Audienciaestá Interesada O No A Partir De Su Lenguaje Corporal?..................................... 34
¿Qué Se Debería Hacer? 35

Capítulo 5: Uso De Gestos Apropiado Para Tu Marco Profesional.. 37

La Importancia Del Uso Del Lenguaje Corporal En Presentaciones Y Reuniones 39
El Tono De Tu Voz:... 39

¿Por Qué Es Importante La Confianza En Uno Mismo En Las Reuniones? 41
¿Qué Papel Desempeña Tu Lenguaje Corporal En La Transmisión De Unaactitud Confiada? 42
¿Cómo Mostrar Poder De Control En Reuniones De Trabajo Mediante El Lenguaje Corporal?: 44
Pasos A Seguir: 44

Capítulo 6: El Análisis De Las Señales No Verbales Y Sus Beneficios 49

¿Cómo Analizas A La Gente? 49
¿Por Qué Debes Interpretar Estas Señales No Verbales? 53
¿Cuáles Son Las Señales No Verbales Esenciales? 54
Expresiones Faciales: 54
Lenguaje Corporal: 55
1. *Manos/Brazos:* 55
2. *Movimientosrespiratorios:* 57
3. *Piernas:* 57
Una Consideración Importante: 57
¿Cómo Beneficiarte De Estos Análisis? 59

Capítulo 7: La Psicología Del Lenguaje Corporal 62

Ojos: 62
Pupilas: 62
Mantener Contacto Con Los Ojos 63
¿Qué Pasa Si Una Persona No Mira A Los Ojos? 64

Capítulo 8: Otras Emociones Que Expresan Los Ojos 66

Lágrimas: 66
Parpadear: 66
Pestañear: 67
La Dirección De La Mirada: 67
Cejas: 68
Pelo: 69
Nariz: 69
Tu Postura: 70
Brazos Y Manos: 70

Piernas: 71
Pies: 71

Conclusión 73

Parte 2 76

Introducción: 77

Capítulo 1: ¿Cómo Funciona La Mente Subconsciente? 81

Capítulo 2: ¿Cómo Utilizar El Poder De Tu Mente Subconsciente? 87

Capítulo 3: ¿Por Qué Prestar Atención, En Primer Lugar, ... 92

Al Poderdel Subconsciente? 92
Ventajas De Desarrollar El Subconsciente. 94
Personas Con Un Subconsciente Saludable. 95
¿Curarse A Través Del Subconsciente? 96

Capítulo 4: Desconectando Las Distracciones. 98

Aprende Con Quienes Te Rodean. 99
Personas Perfeccionadas En Observar. 103

Capítulo 5: Trucos Mentales Para Lograr Mayor Afinidad Con Las Personas. 107

La Afinidad Y Su Relevancia. 107
Señales Que Puedes Utilizar A Tu Favor. 109
¿Qué Revelan Los Gestos De Las Manos? 110
¿Qué Revelan Los Patrones Respiratorios? 111
¿Qué Revelan Los Niveles De Energía? 112
¿Qué Revelan Los Patrones Del Habla? 113

Capítulo 6: Lee Y Comprende Las Señales No Verbales De Las Personas. 114

¿Cómo Identificar El Malestar Ajeno? 115
Señales Faciales. 117
Señales De La Parte Superior Del Cuerpo. 122
Señales De La Parte Inferior Del Cuerpo. 127
El Panorama General. 130

Capítulo 7: Excepciones A Las Reglas. 132

Los Entornos Hacen La Diferencia. *133*
Variaciones En La Personalidad. *134*
Ansiedad.136
El Espectro Autista. *138*
Los Temas Delicados Importan. *140*
Experiencias Pasadas Y Abusos. *141*

Capítulo 8: Algunas Aplicaciones Prácticas...................... 143

¿Cómo Convertirse En Un Exitoso Líder De Equipo? *144*
Aplicación En Los Deportes. ..... **Error! Bookmark not defined.**
Aplicación En El Marketing. ..... **Error! Bookmark not defined.**

Conclusión. 147

Parte 1

Introducción

Una parte integral de toda comunicación es el modo de expresarse. Esto implica tanto las señales verbales como las no verbales. Este libro ayuda a entender el significado de las señales no verbales tanto en la comunicación personal como en la profesional, incluyendo la forma de comunicarse en reuniones de trabajo, entrevistas, etc. Por lo tanto, vamos a enseñarte los conocimientos básicos para aplicar la comunicación no verbal en tu rutina diaria y también para que puedas comprender y juzgar a otras personas mejor.

El lenguaje corporal juega un papel significativo en tu forma de expresarte. A veces podrías estar expresando algo verbalmente mientras que tu lenguaje corporal podría estar transmitiendo algo muy diferente. De este modo, es muy importante que tu lenguaje corporal esté en armonía con el verbal. La sincronización de ambos es el arte de una comunicación efectiva, sin la cual podrías no conseguirla fluidez adecuada. Otro papel importante que juega es el de mejorar la confianza en ti mismo y permitirque la comunicación con tus compañeros sea más efectiva. Con el lenguaje corporal apropiado, tendrás más confianza y, cuanta más confianza tengas, mejor será la impresión que causes en los demás.

También se desarrollará tu habilidad para compenetrarte con los demás y para ganarte la confianza de la gente. ¿Por qué es esencial? A una persona que sabe interpretar el lenguaje corporal bien,le costará confiar en ti mientras estés mostrándote bajo de confianza, nervioso, distraído e inseguro. Por ejemplo, un compañero de trabajo no confiará en ti si tu lenguaje corporal no coincide con el verbal. Aun peor, podrías haberte dado cuenta y haber empezado a ponerte nervioso, agitarte y jugar con tus dedos, pelo, etc. Estopuede llegar a ser preocupante ya que estas dando la impresión de ser una persona con ansiedad.

A pesar de que es cierto que la ansiedad

puede formar parte de muchas situaciones cotidianas, especialmente a nivel profesional, también es cierto que si actúas con confianza, los resultados serán mejores que cuando estás absorto en ti mismo. Por lo tanto, es vital que seas consciente del lenguaje corporal que utilizas. Abarcaremos este tema con más profundidad más adelante para aprender la forma de mostrarte confiado y para alcanzar el éxito en el ámbito profesional además de mejorar tu comunicación a nivel personal.

Algo esencial que también aprenderás con este libro es el arte de analizar el lenguaje de otras personas. Normalmente es muy útil saber interpretar y analizar a la gente en ocasiones varias. Con el simple hecho de conocer las señales no verbales, puedes aprender a identificar cuando alguientiene ansiedad, está enfadado o incluso cuando te están mintiendo. A nivel profesional, encontrarás valioso el poder analizar a la gente observando su lenguaje corporal además del verbal y el poder determinar la armonía entre ambos. Considerándolo todo, este libro puede proporcionar beneficios a cualquier persona tanto en su vida personal como en la profesional.

Capítulo 1: El significado de tus señales verbales y no verbales

Para empezar, vamos a aprender el significado de nuestras señales verbales y no verbales. El modo en que nos expresamos verbalmente nos permite expresar y ofrecer nuestro punto de vista o, al menos, eso es lo que pensamos. Lo cierto es que quizá estás transmitiendo un mensaje muy diferente si las expresiones de tu cuerpo no respaldan lo que estás diciendo.

Vamos a ponerte un ejemplo: puede que haya algo que te de miedo, digamos que un perro. A pesar de ello, puede que no quieras reconocerlo. La verdad es que lo más fácil sea que tu lenguaje corporal transmita la forma en la que te sientes realmente. Según te aproximes al perro, posiblemente empieces a temblar o te cueste ir a tocarlo. En este caso harás que tu miedo sea evidente sin tener que haberlo admitido.

Vamos a darte otro ejemplo: imagina que hay una pareja de jóvenes. ¿Cómo puedes saber si realmente ambos tienen una relación sentimental? A veces no necesitas que nadie te lo diga. Es evidente por sí mismo a través del lenguaje corporal de la gente. La forma en que se miran, en que se hablan y sus gestos entre otros son indicadores que revelan el estado de su relación.

¿Cuáles son las señales no verbales?

Simplificando, las señales no verbales son cualquier forma de expresión que no sea verbal. Comúnmente se conocen como lenguaje corporal. Ahora, ¿Cuáles son las diferentes formas de lenguaje corporal?

- **Expresiones faciales.** Nuestro rostro, especialmente nuestros ojos, son la mirada del alma. Como se suele decir, tu mundo exterior es reflejo de tu mundo interior. En muchos casos es cierto. Si estamos contentos, nuestra expresión facial lo revela sonriendo. Si sonreímos de verdad, se refleja en nuestros ojos. Como se dice, la mirada no engaña. Es muy evidente para aquellos que saben analizar bien estas señales.
- **Postura corporal.** Es otra forma de analizar las expresiones. La manera de caminar y la postura de una persona puede determinar si tiene confianza en sí mismo, si es arrogante, tímido, etc.
- **Gestos corporales**. Estos varían de una persona a otra. Una persona se puede

empezar a encorvar cuando se pone nerviosa, temblar cuando se asusta, jugar con sus dedos o con su pelo, mover las piernas sin parar cuando está sentada, morderse los labios, tener una mirada distante, estar inquieta, ojos acuosos, etc.

¿POR QUÉ A VECES NO COINCIDEN LAS SEÑALES NO VERBALES Y LAS VERBALES?

La verdad es que la sociedad nos moldea de forma que actuamos como lo que seespera que seamosy no como lo que realmentesomos. Situaciones, experiencias y circunstancias cambian a la gente y les hacen actuar como si fuesen ellas mismas. Mientras tanto, uno puede olvidarse de quien realmente es. ¿Cómo puede pasar? Está demostrado que a lo largo de nuestras vidas nos enfrentamos a diferentes presiones con la expectativa de no hacer preguntas y seguir adelante.

Estas expectativas pueden proceder de tus padres, hermanos, mujeres, amigos y compañeros de trabajo. Por lo tanto, sin darnos cuenta, estamos siempre bajo algún tipo de presión. Ésta nos convierte en un tipo de persona diferente. También es verdad que nos engañamos a nosotros mismos de una u otra forma, lo que podría ser intencional o no.

No te preocupes si aún no lo entiendes. Es un pensamiento muy profundo. Tómate un momento y analiza tu vida. Puede que, de algún modo, hagas lo que otros esperan que hagas, lo que supuestamente deberías hacer como la opción correcta y otras cosas porque estás obligado a hacerlas. ¿Qué pasaría si no hubiese ataduras?¿Qué pasaría si la sociedad no te hubiera moldeado a su gusto? ¿Te comportarías de diferente manera? Es muy importante analizarlo para permitirte comprender que la presión que nos rodea nos afecta, incluidala medioambiental.

¿POR QUÉ ESTAS SEÑALES NO VERBALES SON IMPORTANTES?

El pasado fue un factor importante para determinar el motivo por el que nuestras señales verbales difieren de las no verbales. Tendemos a engañarnos a nosotros mismos al no admitir en ocasiones lo que realmente sentimos sino lo que se espera que sintamos. En otros casos, la gente simplemente no quiere expresar sus sentimientos ya que creen que es una forma de mostrar debilidad. Las razones pueden variar en cada individuo.

Ahora, ¿por qué estas señales no verbales son importantes? Creo que ya eres capaz de responder por ti mismo: para poder evaluar los verdaderos sentimientos de una persona. Si las señales verbales y no verbales de una persona están sincronizadas, entonces la persona está mostrando sus sentimientos reales. Si no es así, entonces puede que tengas que evaluar el lenguaje corporal de la persona cuidadosamente. Se debe a que tendemos a alterar nuestras respuestas verbales sin prestar atención a nuestras señales no verbales.

SIGNIFICADO DEL LENGUAJE CORPORAL

Nuestro lenguaje corporal no solo nos ayuda a valorar los verdaderos sentimientos e intenciones de una persona, sino que nos permiten ser más productivos tanto en nuestra vida personal como en la profesional

A nivel personal, te permite transmitir tu mensaje mejor y, por lo tanto, refuerza nuestra habilidad para comunicar efectivamente. Por otro lado, a nivel profesional mejora turendimiento. ¿Cómo? Cuando te analizan y evalúan en diferentes entrevistas de trabajo, en reuniones, etc. Podrías transmitir un perfil más fuerte si te mostraras más confiado, lo cual, una vez más, se ve reflejado en tu lenguaje corporal.

Vamos a ponerte un ejemplo: generalmente juzgas a tus profesores y crees que unos son mejores que otros. ¿Por qué? Algunos de ellos son capaces de comunicar el mensaje bien, mientras que otros lo comunican de forma aburrida. Esto demuestraque el impacto total de una persona es importante. Una persona puede ser muy buena enseñando pero, al mismo tiempo, adoptar un tono monótono, hablar bajo y mostrar falta de confianza. A pesar de sus habilidades, le será difícil poder obtener buenos resultados.

Por otro lado, una persona que habla alto y claro, con confianza, usando gestos corporales adecuados y que es capaz de disimular sus flaquezas, incluso si no se le da bien enseñar como a la persona del ejemplo anterior, será mucho más eficaz. Esto se debe a que es capaz de mantener la atención de los estudiantes y, por lo tanto, de dar la lección de un modo más apasionado y emocionante.

Capítulo 2: El papel de la percepción

¿Qué es la percepción? Es la forma en la que interpretas algo. ¿Qué significado tiene el hablar de percepción en el lenguaje corporal? a que la percepción es el primer paso para modificar este lenguaje. Para controlar tu cuerpo necesitas controlar tu mente primero.

Entonces, ¿Cómo altera la percepción tu lenguaje corporal? Bien, depende mucho de cada caso. Vamos a poner un ejemplo antes de pasar a tácticas generales de lenguaje corporal efectivo. Este ejemplo en concreto debería hacerte comprender este asunto antes de continuar.

Piensa que estas en una reunión. Acabas de hacer una presentación en frente de una audiencia digamos de 20 personas. Es normal que sientas ansiedad y que estés un poco nervioso/a porque puede que te preocupe no haberte preparado bien. De cualquier modo, queremos cambiar tu percepción. Teniendo esto en cuenta, hay dos formas de percepción que vamos a considerar:

Percepción común o esperada: Ansiedad y nerviosismo, ocasionada por un posible fallo en la presentación, siendo consciente del público presente, y de la presión de tu jefe y de tus compañeros. Podría haber otros factores externos.

Percepción deseada: Confianza en tus habilidades, un control completo sobre tema a presentar.

En realidad, no siempre es fácil dejar de lado la ansiedad y el nerviosismo. De cualquier manera, hay formas de afrontarlo. No vamos a entrar en muchos detalles todavía, pero hay dos cosas que están bajo tu control: (1) cambiar tu percepción para controlar tus señales no verbales; (2) disimular tu lenguaje corporal y modificarlo en tu beneficio.

A una persona con ansiedad se le pueden atragantar las palabras o puede olvidar cosas. Él o ella pueden desconcentrarse, sus pies y manos empezar a temblar, etc. ¿Cómo te enfrentas a estos signos cuando comienzan a aparecer?

- Lo primero que hay que hacer es trabajar la percepción. Tienes que entender que eres capaz de hacer que algo pase si lo deseas de verdad, por lo que siempre hay posibilidades de que suceda. No pienses en la posibilidad de equivocarte. Piensa en la posibilidad de hacerlo correctamente, se optimista. En este caso, la positividad es la primera clave para el éxito. Una persona positiva tendrá menos probabilidades de cometer errores que una persona negativa a la que le cuesta calmar su ansiedad y sus nervios. Si eres una persona positiva y tranquila, te relajarasinscientemente.

• Si aún no has podido controlar tu ansiedad, directamente debes trabajar tus gestos corporales. Es cierto que unas personas son más propensas a sufrir ansiedad que otras. Por lo tanto, lo que puedes hacer es aprender a disimular tus señales no verbales para evitar mostrar tu ansiedad.

1. Si eres principiante, puedes empezar a hablar despacio para que las palabras no se te atraganten ni te olvides de nada. Hablar despacio también te permite ganar

confianza en ti mismo y ayuda a tranquilizarte, por lo que el habla fluye mejor.

2. Cada persona reacciona de diferente manera. Debes aprender a reconocer tu forma de reaccionar ante circunstancias diferentes. (Hablaremos de este proceso de identificación más adelante).

3. Si sientes que te desconcentras cuando miras directamente a la gente, evita mirar directamente a sus ojos. Si tienes que hacerlo, entonces mantén una mirada distante para transmitir confianza y que te permita continuar centrado.

4. Si ves que te estás desconcentrando, puedes tener una pequeña nota en tu mano con los puntos principales del discurso para que puedas volver al hilo de la conversación rápidamente. Si no quieres usar un trozo de papel, puedes escribirlo en la palma de tu mano.

5. Si te tiemblan las manos y las

piernas por la ansiedad, prueba a caminar por la habitación para disimular. Si tienes que permanecer en el mismo sitio, puedes balancearte de un lado a otro para sentirte más cómodo. Puedes usar tus manos para dar explicaciones mientras hablas o hacer gestos con las manos para disimular tus nervios.

6. Siéntete cómodo desde el principio. A veces, es duro empezar a hablar o exponer una presentación pero una vez que lo haces, comienza a fluir. En este caso, puedes empezar con calma. Tómate tu tiempo para presentarte e introducir el tema. Mantén una postura erguida para aparentar confianza en ti mismo y pronto empezarás a soltarte. Un gran consejo que puede ser de gran ayuda es hacer una pausa y sonreír, algo que he utilizado con anterioridad cuando me he puesto excesivamente nervioso. Te relajará y te ganarás al público.

Fundamentos del lenguaje corporal

Hay ciertos elementos en los que necesitas centrarte. ¿Cuáles son? algunas señales no verbales te ayudarán a predecir el impacto que van a tener en diferentes situaciones. Te puede ser de ayuda reconocerlas en otras personas, al mismo tiempo que te ayudan en tu análisis. Por otro lado, pueden serte útiles ya que pueden valerte para enviar la señal no verbales adecuada en diferentes situaciones.

Vamos a hablar sobre unas cuantas señales no verbales básicas que debes aprender. Te ayudarán a:

- Desarrollar tu personalidad.
- Mejorar la confianza en ti mismo.
- Mejorar tu capacidad comunicativa con amigos y compañeros.
- Ser más atractivo en el terreno laboral.
- Mejorar tu desarrollo interior.

Vamos a hablar de las señales no verbales básicas que debes aprender:

- **POSTURA:**

Es lo primero que se ve cuando entras en la sala. Tienes que mantener una postura

erguida y no deberías encorvarte. Tanto en hombres como en mujeres, encorvarse no está bien visto y no es ni de damas ni de caballeros. La elegancia viene acompañada con la postura por lo que se le debe dar una gran importancia.
Posiblemente en alguna ocasión has leído o visto en televisión que sostener un libro en la cabeza puedeenseñarte a mantener una postura erguida y el equilibrio. Si tiendes a encorvarte, deberías practicar estos ejercicios para corregir tu postura.

- **EXPRESIÓN FACIAL:**
Juegaun papel fundamental en la forma de presentarte por primera vez. A algunas personas se las considerada austeras,arrogantes, inseguras, etc., tan solo por su expresión facial. Sin embargo, no quieres transmitir esa imagen. ¿Entonces cuál debería ser tu expresión facial?
Debes **sonreir**. Ofrecerás una impression agradable. Haz un hábito el saludar a todo el mundo con una sonrisa en la cara. Te recomendaría hacerlo con naturalidad y no

con una sonrisa enorme y tensa que pueda resultar falsa.

Lo siguiente son tus ojos. Tu mirada tiene el poder de influir en tus palabras e incluso de dominarlas. Mantener un contacto visual constante te permite sentir confiado o, al menos, emitir un aire de confianza.la gente que no hace contacto con los ojos de los demás y que miran aquí y allá aparentarán estar confusos y nerviosos. De hecho, también son más propensos a desconcentrarse. Las cejas, el ceño o labios fruncidos, apretar los dientes, etc., son otras formas de expresarse.

- **LA VOZ Y EL HABLA:**

La reacción que tiene en los demás lo que estás diciendo está influenciada por tu tono de voz. Por lo tanto, tenemos que hacer énfasis en este aspecto.hablar de forma lenta y constante te da fluidez y confianza. Tambien ayuda a que el oyente comprenda mejor tus palabras y el significado del mensaje. También debes hablar claro, ni muy alto ni muy bajo ya que podría ser malinterpretado como un exceso o una falta de confianza respectivamente.

Es cierto que el contenido de lo que dices debería ser importante pero lo que crea la primera impresión es el tono tu voz. Una persona puede ir a una entrevista y responder excelentemente a las preguntas pero en general no llamará la atención si no ha hablado con entusiasmo y no ha cambiado el tono de voz en consonancia con la pregunta. Por otra parte, una persona que responde bien a las preguntas y que también controla su tono de voz que capta el interés, llamará más la atención de la persona que le entrevista.

- **GESTOS:**
  Se puede gesticular al hablar. Se dice que se transmite mejor un mensaje si se usan las manos y los brazos mientras se habla. También es una buena forma de ocultar los nervios que se puedan tener en el caso de una persona que sufre ansiedad o que está bajo una situación de estrés.

De cualquier forma, no se debe sobre gesticular ya que puede dar la impresión de exceso de confianza, resultando en una pérdida de atención por parte del público. Otras veces, agitar excesivamente los brazos puede molestar a la gente de alrededor.

Básicamente, estas técnicas intentan mejorar la confianza en ti mismo, que es lo principal para tener éxito. Tu lenguaje corporal solo es efectivo mientras tienes confianza. Por esta razón se te enseñó la percepción y las formas de modificar tus pensamientos para desarrollar más la confianza en ti mismo.

Los aspectos anteriores pueden ayudarte a controlar las situaciones de estrés y ansiedad y a tener un aspecto más confiado. Con tiempo, puedes dominarlas para no sólo mostrarte confiado, sino también sentirlo.

Capítulo 4: Identificación de rasgos no deseados

Ahora que ya hemos hablado de los rasgos deseados, vamos a hacer referencia a algunos rasgos no deseados. En nuestro ámbito personal y profesional nos cruzamos con personas diferentes. La diferencia de opiniones nos puede llevar a tener conversacionesvariadas, debates y discusiones. Podríamos etiquetarlo como saludables o no saludables. Una conversación es saludable cuando tiene lugar entre personas abiertas que se justifican adecuadamente y ofrecen a los demás la oportunidad de escuchar y de hablar. Por el contrario, una conversación no será sana cuando las personas solo argumentan a su favor y son demasiado tercas para apartarse de sus propias ideas.

Puede que quieras evaluar los tipos de escenario que te encuentras en tuvida profesional. El lenguaje corporal específico de una persona puede ayudarte a determinar si merece la pena perder el tiempo conversando o no, ya que una persona obstinada o defensiva nunca dará la razón incluso cuando sabe que en el fondo están equivocados. De la misma forma, podrías querer evaluar si eres una de esas personas y, si realmente lo eres, deberías hacer algo por cambiarlo. ¿Entonces, cómo empiezas a evaluar este tipo de situaciones?

IDENTIFICAR AL OBSTINADO EN UNA REUNIÓN:

- Esas personas normalmente se sentaría lejos de ti o girarían su cuerpo hacia otro lado.
- Intentan tener poco contacto con los ojos o bien mirarán abajo hacia el suelo o alrededor de ellos de forma defensiva.
- Sus expresiones faciales están en blanco. Incluso cuando muestran atención, sus ojos muestran rebeldía o parecen no estar de acuerdo.
- Puede que se mofen de ti o que sean sarcásticos cuando las cosas están a su favor.
- Puede que tengan los brazos cruzados en frente de su cuerpo.

Es posible que puedassalir adelante con esas actitudes en tu vida personal, pero a un nivel profesional, esa actitud no gusta y es desalentadora. De hecho, puede estar causándote más daño de lo que crees. Para trabajar, una compañía prefiere las persona que están abiertas a conversar y que son flexibles. Esto sucede porque en muchos casos se trabaja en equipo y se espera que puedas colaborar con otros compañeros. Deberías ser una persona con la que se converse fácilmente y que se adapte bien a la situación laboral. En este caso, una persona inflexible y obstinada no podrá desempeñar bien el trabajo.

Por lo tanto, se optimista. Nunca sabes lo que vas a aprender de otros si no controlas tu ego y escuchas. Puede que pienses que lo sabes todo, pero siempre hay espacio para aprender más. Además, con práctica podrás obtener mejores resultados tanto en tu vida personal como en la profesional.

Deshonestidad: El camino a la destrucción

He añadido este tópico porque es importante y tiene una gran relevancia. A nivel profesional, se contrata a las personas en las que se puede confiar. Es dificir confiar en alguien deshonesto. Pero cómo poder identificar si se puede o no confiar en una persona. Tus observaciones deben ser suficientemente fuertes como para identificar los respectivos rasgos. Vamos a mirarlo más detenidamente

- Puede que hayas escuchado a menudo el dicho "los ojos no mienten". En cierto modo es verdad. Al menos que seas un maestro escondiendo tus verdaderos sentimientos, si eres deshonesto tus ojos te delatarán. Esto pasa porque una persona deshonesta no es capaz de mantener el contacto con los ojos de la otra persona. En algunos casos, mueven los ojos de un lado para otro y las pupilas pueden encogerse.
- El cuerpo de esa persona normalmente se aparta y puede que muestre

movimientos corporales confusos.
- Puede que les cueste hablar fluida y constantemente. Es común que tartamudeen y se tropiecen con sus palabras. Además, puede que se produzcan cambios en su tono de voz.
- Puede que incluso empiecen a sudar sin importar si la temperatura de la habitación es normal o no.
- La frecuencia respiratoria normalmente aumenta en estas personas.
- Se puede notar un cambio de color de su tez, normalmente un enrojecimiento.

Es importante que observes cuidadosamente. Muchos de estos síntomas pueden ocurrir si la persona está nerviosa o tiene ansiedad. En este caso, debes calmar a la persona o dar un tiempo para ver si esa persona está realmente nerviosa o si no es de confianza.

Habilidades para hacer presentaciones: cómo evaluar y mostrar el lenguaje corporal correcto para asegurar el éxito

Adquirir las habilidades adecuadas es extremadamente importante cuando haces una presentación. Ya seas bueno o no para hacer las presentaciones en reuniones, desvelaremos algunos secretos para que no solo sesa bueno, sino que te convierta en un maestro. ¿Cómo conseguirlo? Debestener tal control que no solo asegure de quetransmitas bien el contenido de la presentación/ reunión, sino que tu audiencia pueda comprender el mensaje que intentas enviar. ¿Qué debes hacer?

- Hazte sentir. Levántate con la espalda recta y los hombros atrás. Habla alto y claro de forma lenta y constante. El tono tiene que ser suficientemente firme como para mostrar control pero al mismo tiempo evitando sonar con un exceso de confianza o arrogancia.
- Tienes que evaluar la naturaleza de la

reunión/presentación. En algunos casos puedes aplicar los beneficios de una sesión interactiva. Adopta un tono de conversación amigable con la audiencia. Permíteles interactuar contigo dejándoles opinar y realizar preguntas relevantes que puedas clarificar para ellos.

En el caso de que la reunión no sea una sesión interactiva, es posible que quieras mantener al público despierto e interesado. Muévete para asegurarte de que haya actividad. Observa si las personas están aburridas o comienzan a perder interés. Puedes elevar la voz de vez en cuando para llamar la atención de la audiencia. Dirígete a las personas directamente, incluso puedes darles un descanso si crees que la sesión se está prolongando demasiado. En ocasiones, también puedesincluiralguna idea interesante que pueda ser relevantey ayude a la audiencia asalirde la monotonía y a conversar sobre ello.

Podrías complementarlo todo con fotos y videos que ayuden a mantener intacta la atención del público.

¿Cómo averiguar si tu audiencia está interesada o no a partir de su lenguaje corporal?

Hay algunas señales no verbales que pueden ayudarte a determinar si tu audiencia está interesada o no. Es importante para que tu presentación tenga éxito, al igual que también será importante determinar la forma de llevar a cabo esta presentación.

Vamos a ver algunas de ellas:
- Cuando la gente mira hacia abajo o hacia otras direcciones.
- Cuando la gente habla por teléfono.
- Si hay personas haciendo garabatos en un papel.
- Si hay personas hablando entre ellas puede que estén aburridas.
- Cuando la gente se ve cansada o incluso cerrando los ojos.

Ahora, si observas que la audiencia no está tan interesada en lo que estás diciendo, puedes decidir cambiar el curso de su presentación/reunión para hacerlo más emocionante o para ganar el interés de la audiencia de alguna otra manera. También es una buena idea adoptar una actitud amigable con el público, mostrarte sonriente para facilitar la aproximación de la audiencia y receptividad.

Las personas no deben encontrar difícil o inaccesible hablar contigo debido a tu lenguaje corporal. Debe transmitir receptividad y permitir que las personas busquen tu ayuda fácilmente.

Consejo: Es esencial saber que cada persona tiene una forma distinta de expresarse. Por lo tanto, las observaciones deben ser exhaustivas y se deben considerar otros factores ambientales antes de llegar a una conclusión. Como se dijo anteriormente, los rasgos de una persona que está ansiosa o nerviosa pueden confundirse con los rasgos de una persona deshonesta. Sin embargo, debes de tener en cuenta que si la persona está realizando un examen o una entrevista de trabajo, es natural estar tenso.

¿Qué se debería hacer?

Para despejar dudas, hay algunas cosas

que puedes hacer:
- Tómate un tiempo para observar.
- Sondea a la persona y espera una respuesta relevante.
- Hazlo simple. Cuanto más te compliques a ti mismo, más se lo complicarás a la otra persona. Terminará siendo más confuso y tendrás más posibilidades de equivocarte al juzgar el lenguaje corporal.

Capítulo 5: Uso de gestos apropiado para tu marco profesional

El uso de diferentes gestos es parte de tu lenguaje corporal. Dice más sobre tus sentimientos de lo que piensas. Sin embargo, debessaberdiferenciar entre las propiedades de los diferentes gestos, ya que algunos pueden ayudarte a enfatizar las palabras mejor que otros. Algunos gestos pueden hacer que parezca que sientes confianza, que estás confuso, débil o demasiado confiado.

En marcos profesionales, se exige realizar diferentes presentaciones, reuniones y talleres. Estos requieren mucha confianza en ti mismo y, por lo general, se dirigen a audiencias más grandes. Es una tarea en sí misma mantener el interés de toda la audiencia. Los gestos corporales tienen un gran papel en este proceso.

Si te quedas quieto y actúas con la misma monotonía, aburrirás a tu audiencia. Una voz monótona y de voz suave puede hacer que la gente se duerma. Hay dos formas de abordar esto. Puedes cambiar el tono de tu voz, intercalar de más alto a más bajo. El cambio en el tono de voz incorpora variaciones y previene la monotonía.

La importancia del uso del lenguaje corporal en presentaciones y reuniones

- Permite poner en práctica la confianza en ti mismo al sentirte cómodo con el medio que te rodea.
- Científica y médicamente, nuestros cerebros son más receptivos cuando el discurso está acompañado por un lenguaje corporal apropiado. Esto se debe a una región del cerebro llamada área de Broca. Ésta se activa cuando hablamos y usamos un lenguaje gestual de manos apropiado.
- Permite poner más énfasis en las palabras y, por lo tanto, desarrollar un discurso más limpio y claro.
- También implica que algunas personas utilicen el lenguaje de gestos para disimular sus nervios. Si no se exagera, puede transmitir un aura de confianza que puede beneficiarte.

El tono de tu voz:

En reuniones y discursos, lo más

importante es que tengas confianza en tí mismo y que transmitasel mensaje a tu audiencia con seguridad. ¿Por qué es tan importante tener confianza en las reuniones y qué papel desempeña entu lenguaje corporal?

Vamos a centrarnos en la primera parte de la pregunta.

¿Por qué es importante la confianza en uno mismo en las reuniones?

- Tener confianza es importante ya que permite alcanzar un papel autoritario en las reuniones. Es necesario ya que, en estassituaciones profesionales, uno debe exhibir cualidades de liderazgo para que las personas se sientan obligadas a escuchar y a actuar en base a lo que se les diga. Una persona que carece de confianza en sí misma es a menudo incapaz de ejercer dicho control y termina por tener un rol administrativo más débil.
- En segundo lugar, una persona segura es capaz de transmitir la esencia del mensaje más a menudo. Esto se debe a que una persona confiada obliga a otros a escucharla. En este tipo de situaciones, es más probable que una persona autoritaria capte tu atención a que lo haga una no autoritaria. También es más probable que sigas o lleves a cabo lo que dice la persona autoritaria.

Veamos ahora la segunda parte de la

pregunta.

¿Qué papel desempeña tu lenguaje corporal en la transmisión de unaactitud confiada?

- Una persona segura es valorada por su actitud. Una persona puede sentirse confiada, pero puede haber ocultado sus temores y ansiedad detrás de su lenguaje corporal efectivo. De cualquier forma, este tipo de persona será tendrá éxito con más facilidad.
- Una persona segura de sí misma será capaz de trasmitir autoridad con su voz. El tono de la voz debe ser constante con altos y bajos apropiados.
- La persona debería presentarse sonriente para mostrarse más accesible. Esto se debe a que es más probable que una persona amable o agradable guste a otros que una que se muestra nerviosa.
- No deberían mostrarse movimientos corporales innecesarios como los juegos con la ropa, con los dedos o con

el pelo ya que muestran nerviosismo. Esta es la forma por la que una persona puede revelar su nerviosismo a través de su lenguaje corporal.

Como puedes ver, puedesversi una persona tiene confianza o si está emitiendo una sensación de confianza. Ambas son cualidades que pueden permitir tener éxito. Aquellos que ocultan sus miedos detrás de su lenguaje corporal efectivo pueden dominar este arte hasta el punto de que en realidad ya no se sientan temerosos o nerviosos. Por lo tanto, son más exitosos. En este caso se puede afirmar que la confianza es la clave principal de su éxito en su marco profesional, en reuniones y conversaciones.

¿Cómo mostrar poder de control en reuniones de trabajo mediante el lenguaje corporal?:

Las reuniones de trabajo requieren que una persona alcance un grado de autoridad y control. Algunas personas nacen con cualidades de liderazgo y les llega sin esfuerzo. Sus palabras y su lenguaje corporal son indicativos de este poder autoritario.

Sin embargo, puede que no seas uno de esos afortunados que nacieron para gobernar. Esto no debería impedirte lograr lo que necesitas y deseas. Si sientes que no rindes lo suficiente en tus reuniones de trabajo, no temas. La verdad es que mientras creas en ti mismo, puedes hacer realidad lo que pueda parecer imposible. El día en que dejas de creer en ti mismo, es el día en que pierdes la capacidad de lograr el éxito. Tratemos este asunto **revisando este capítulo** con una perspectiva sistemática.

Pasos a seguir:

- Cree en ti mismo. No te subestimes.

Todo es alcanzable siempre que lo desees con una actitud positiva y estés preparado para esforzarte lo suficiente. Si note sientesseguro de ti mismo en reuniones, empieza a trabajar en ello hoy mismo y, en poco tiempo, dominaras tu autoestima.

- Adquirir paciencia. Es esencial ya que las personas generalmente pierden la esperanza ya que esperan resultados de la noche a la mañana. Cambiar tu actitud no sucede en una noche. Requiere práctica y paciencia. Por lo tanto, debes darte tiempo durante este esfuerzo constante.
- Alterar tus percepciones. Tu percepción actual puede ser la de un objetivo que no puedes alcanzar porque sientes que no eres lo suficientemente capaz para lograrlo. Altéralo. Por supuesto que puedes lograrlo. Altera el hecho de que estás nervioso o asustado. Plantéate a tí mismo que no hay nada que temer.
- Oculta tus miedos, ansiedades, nerviosismos e inseguridades. La gente puede ver lo que les muestras. Si

sientes miedo, es probable que lo exhibas a través de tus expresiones faciales y tu lenguaje corporal. El objetivo es alterarlo de tal manera que, preparándote psicológicamente como en el paso anterior, puedas transmitir a los demás la actitud deseada. Si eso no es del todo posible, modificatus expresiones faciales y tu lenguaje corporal para ocultar tus miedos en público.
- Alterar las expresiones faciales es primordial. Alcanzaun puntoen el que puedas mantener un contacto visual constante en lugar de mirar con nerviosismo de aquí para allá. Un contacto visual constante permite mostrar más confianza. Intenta parecer más relajado calmándote psicológicamente. Una sonrisa puede hacer maravillas. Puede ocultar tus miedos y tu nerviosismo de manera eficaz. Sin embargo, debes asegurarte de hacerlo de forma natural.
- Respire y expire profundamente para calmarse. Normalmente te ayudaráa

reforzar tu positividad. El yoga y la meditación, por ejemplo, también son beneficiosos para lograr la calma.
- Alterar el lenguaje corporal con eficacia. Adopta una postura autoritaria y más segura al permanecer de pie con los hombros hacia atrás. Haz gestos con las manos para enfatizar tu charla. Asegúrate de que el discurso siga los altos y bajos adecuados para mantener el interés de la audiencia y evitar la monotonía.
- Sé observador. El propósito de lasreuniones de trabajo es quetengan un impacto en la audiencia y que transmitanbien el mensaje. Controlatu lenguaje corporal para asegurarte de que te escuchan y entienden tus palabras. Esto te permite ser más receptivo y abierto mientras esperas lo mismo de los demás.

Esta observación se puede llevar a caboestudiando el lenguaje corporal de tu audiencia. Sentarse con las piernas cruzadas o con los brazos cruzados sobre el pecho mientras se alejan de ti estará mostrando un comportamiento defensivo. Intenta cambiarlorealizando descansos, iniciando una sesión interactiva, etc. Además, es posible que quierasmostrarte más receptivo adoptando una actitud más accesible.

Capítulo 6: El análisis de las señales no verbales y sus beneficios

Mucha gente dice que las personas observadorasson personas exitosas. ¿Por qué? Son capaces de interpretar mejor a las personas y, por lo tanto, de usar estos conocimientos para tomar decisiones correctas tanto en la vida personal como en la profesional.

A nivel personal, ¿por qué necesitas analizar a las personas tan profundamente? El hecho es que cada relación debe ser analizada adecuadamente. Las expectativas son parte de cada relación. Cuando analizas a una persona correctamente sabes a lo que atenerte. Para no complicar las cosas, es mejor limitar las expectativas. Una persona será así más feliz, ya que no sufrirá constantemente al verse defraudada porque los demás no cumplen sus expectativas.

¿Cómo analizas a la gente?

Un análisis más amplio significaría analizar

a las personas por lo que dicen y lo que piensan, pero ¿cómo puedes interpretarlo?

Las respuestas verbales de una persona te permiten evaluarlas. Sin embargo, como se indicó al comienzo del libro, las personas a menudo se expresan de manera diferente de lo que realmente sienten, en cuyo caso sus respuestas verbales difieren de sus sentimientos reales. ¿Cómo evaluarlo?.

Es más probable que nuestros cuerpos respondan de acuerdo con nuestros verdaderos sentimientos. Veamos algunos ejemplos para mostrarte cómo una respuesta verbal puede diferir de los verdaderos sentimientos en situaciones distintas.

- Es posible que alguien te haya dado un abrazo con "frialdad". Un abrazo es un acto de amor y protección. Esta persona puede ser alguien con quien tuviste una discusión. Es posible que te estén diciendo que todo está bien ahora, pero la "frialdad" del abrazo te advierte que el cuerpo no se correspondecon la respuesta verbal. En este caso, continuarán existiendo algunos sentimientos negativos.

- Veamos otro ejemplo. Una persona puede decirte que no tiene miedo a los gatos.Sin embargo, comienza a temblar o sus ojos expresan miedo cuando un gato se acerca. En este caso, puedesobservar que la persona estaba mintiendo o tratando de ocultar sus verdaderos sentimientos.
- Del mismo modo, es posible que hayas oído hablar del dicho la sonrisa no alcanza los ojos. Esto significa que puedes fingir exteriormente ser feliz, pero que tus ojos reflejarán la realidad. Cuando una persona sonríe de alegría, los ojos no parecen tristes. Aunque llorar es normalmente una muestra de tristeza, las expresiones faciales y los gestos corporales pueden demostrar los verdaderos sentimientos.
- ¿Qué pasa en las situaciones de felicidad? Siempre puedes averiguar quién se alegra por ti y quién no. ¿Cómo es eso? Las expresiones faciales lo demuestran una vez más. Una

persona puede desearte felicidad con una sonrisa falsa y un lenguaje corporal retraído. Pueden adoptar un estado de cuerpo más defensivo en lugar de alegrarse por ti de verdad y venir a felicitarte con un lenguaje corporal abierto y receptivo.

¿Por qué debes interpretar estas señales no verbales?

- Es importante entender quién se preocupa realmente por tí y quién no. Podrás confiar en las personas que realmente se preocupan por tí por encima de las demás.
- Es posible que quierasaveriguar si una persona te está mintiendo. Un correcto análisis del lenguaje corporal puede ayudarte a evaluarlo con facilidad.
- En estos tiempos que corren, es necesario que aprendas a orientarte correctamentesin dejartellevar por ninguna personani circunstancia. La verdad es que generalmente se esconde más dentro que fuera, por lo que un análisis de las señales no verbales permite comprender el significado de lo que realmente se oculta.
- Los psicólogos y los psiquiatras también siguen el mismo principio. Observan un lenguaje corporal de acuerdo con sus respuestas verbales a las preguntas que

formulan. A continuación, evalúan la sincronización de ambas. Entenderlas señales no verbales, ayuda a lidiar con los problemas del día a día de una manera más efectiva.

¿Cuáles son las señales no verbales esenciales?

Basicamente, se pueden divider entre expresiones facials y lenguaje corporal y movimientos en general.

Expresiones faciales:

1. Ojos: aprende a dominar el arte de leer los ojos de las personas. Si mientras hablas con alguien éste se niega a hacer contacto visual contigo o amirar de aquí para allá,cabe la posibilidad de que sea una señal de que está mintiendo. Esto también depende de tu propia observación personal.
2. Músculos faciales: algunas personas contraen sus músculos en diferentes situaciones, como cuando están felices, tristes o mintiendo. Sin embargo, esto

depende de cada individuo respectivamente.
3. Labios: Algunas personas aprietan los labios cuando no les gusta algo. En otros casos, es posible que quierassaber si la sonrisa de una persona es forzada o no. Una sonrisa genuina llega hasta los ojos. En otros casos, una sonrisa puede ser falsa pero escondida, en cuyo caso tendrá que buscar otros signos.
4. Discurso: normalmenteel discurso es más confuso y la gente puede tartamudear cuando se siente confundida, asustada, mintiendo, molesta y enojada.

Lenguaje corporal:

1. **manos/brazos:**
Las manos/ brazos tienen un papel muy importante en el lenguaje corporal. Una persona podría estarjugando con su pelo. Esto suele ser un acto de **ansiedad, nerviosismo** o, en otros casos, **coqueteo**. Por otro lado, una

persona puede jugar demasiado con su ropa, sus dedos o con accesorios. Esto nuevamente significa **ansiedad, inquietud, nerviosismo** o, en ocasiones, aburrimiento. Es posible que necesitestener en cuenta que haya personas que usen habitualmente sus manos y sus brazos mientras hablan. Por lo tanto, debes buscar otras señales también. Otras personas mueven sus brazos demasiado debido a la confianza, la ira o la rabia. También es importante considerar cuando alguiencruza los brazos frente al pecho, lo que muestra una actitud *defensiva*, *desagradable*, *falta de aprobación* y *enfado*.

You may need to assess that some people habitually use their hands and arms too much while talking. Therefore, you must look for other signs as well. Other people flay their arms around too much due to over confidence, in anger or rage. Then there is another important consideration in the case of crossed arms in front of the chest which exhibits *defensiveness*, a *disagreeable, disapproving attitude* and *anger*.

2. **MOVIMIENTOS RESPIRATORIOS:**
Algunas personas comienzan a respirar frenéticamente cuando se sienten nerviosos o confundidos. También hay una tendencia a mostrar movimientos respiratorios inusuales cuando se miente. De cualquier modo, en algunas personas es debido a un problema médico, lo cual tienes que tener en cuenta.

3. **PIERNAS:**
Algunas personas pierden el equilibrio o cambian de pierna frenéticamente/incómodamente en diversas situaciones. Estos movimientos tan poco naturales podrían indicar nerviosismo, ansiedad, miedo, etc.

UNA CONSIDERACIÓN IMPORTANTE:

Es importante tener en cuenta que cada persona responde de forma diferente a las diferentes situaciones. Es posible que la misma regla de lenguaje corporal no se pueda aplicar a todos en la misma situación. Algunas personas jugarán con su ropa cuando se ponen nerviosos, mientras otros puede que lo hagan cuando están enfadados. Por lo tanto, ningún gesto corporal debería apuntar a un simple juicio. Debes analizar cuidadosamente a la persona desde diferentes ángulos y también la situación.

Por otro lado, las observaciones personales varian en la gente. De este modo, tienes que ser cuidadoso cuando analizas, especialmente si vas a valorar algo basado en tus propias observaciones. Vamos a ver algún ejemplo otra vez.

- Estassentado con un amigo y tienesusbrazos cruzados a la altura del pechoperogiradohaciati. Puede que esté mirando aquí y allá pero te contesta adecuadamente y sigue una conversación normal. Por lo tanto, puede que termines por pensar que los gestos corporales en este caso son simplemente normales, o puede que pienses que esta persona está

preocupada o que hay algo en su mente que le hace mirar de aquí para allá. De cualquier forma, su adaptabilidad para mantener la conversación con normalidad tiene que tenerse en cuenta.
- Una persona puede que esté jugando con su pelo y cruzando sus piernas. Puede que te estén sonriendo e intenten mantener la conversación con normalidad. Podría significar que está coqueteando.
- Por lo tanto, en primer lugar debes analizar la situación, analizar tanto las señales no verbales como las verbales de esta persona para poder juzgarla eficazmente.

¿Cómo beneficiarte de estos análisis?

- En lugar de basarnos en juicios, es recomendable utilizar el análisis para su propio beneficio personal. ¿Cómo puedes hacerlo? Puedes evaluar las señales verbales y no verbales de una persona y beneficiarte de ello.

- Por ejemplo, si una persona te está mintiendo y te has dado cuenta, una señal será el hecho de que no puedas confiar en ella ni en tu vida privada ni en la profesional. En lugar de basarnos en juicios, nos aprovecharemos de un conocimiento de antemano que nos advierte que esa persona no es de confianza.
- Como humanos que somos, tendemos a ponernos a la defensiva y a buscar venganza. En lugar de esto, deberíamos canalizar nuestra energía positiva y no la negativa. Por ejemplo, cuando el lenguaje corporal de una persona muestra enfado, la mejor manera de lidiar con ello es permanecer tranquilo y entender que si reaccionas a ello, podría desencadenar en cólera. Por lo tanto, si eres listo, canalizaras la energía positiva en lugar de potenciar una energía negativa que nunca será beneficiosa para nadie.
- Las señales no verbales te permiten determinar la verdad de los hechos. Por lo tanto, aprendiendo a interpretarlas,

puedes dejarte guiar correctamente por ellas. Siempre sin dejarte engañar y aprendiendo a lidiar con las cosas tal y como son. Cuando conoces el verdadero motivo de algo, puedes abordarlo de manera más inteligente en lugar de permanecer confundio sobre cuál podría ser el verdadero motivo. Por lo tanto, se listo dentro fuera, aprende a abordar tus problemas de forma inteligente.

Capítulo 7: la psicología del lenguaje corporal

Profundizando un poco más, vamos a ver lo que la psicología dice en relación a los diferentes tipos de lenguaje corporal.

Ojos:

Ya hemos mencionado la importancia que tiene el papel de los ojos en nuestro lenguaje corporal. Probablemente podamos ocultar nuestras emociones, incluso si hemos trabajado duro en nuestro lenguaje corporal, pero la verdad es que lo que transmiten los ojos es la parte más difícil de disimular. Son el reflejo del alma.

Vamos a ver el ojo con más detalle empezando por las pupilas.

Pupilas:

Nuestras pupilas responden a la luz y a otros estímulos contrayéndose o dilatándose. Al contraerse disminuyen de tamaño y al dilatarse aumentan. Otro estímulo podría ser el miedo y una descarga de adrenalina. Básicamente, nuestras pupilas se dilatan cuando nos enfrentamos a nuestros miedos o cuando descargamos adrenalina. En situaciones normales, nuestros ojos deberían estar contraídos a menos que fueran expuestos a la luz.

Vamos a suponer que estás sentado y hablando con un amigo. Según llegas a la parte más importante de un asunto, las pupilas de tu amigo se dilatarán. Esta es un tipo de respuesta normal que no puedes controlar. Por lo tanto, observando el tamaño de la pupila puedes determinar la forma de procesar los pensamientos del otro individuo.

Mantener contacto con los ojos

Mirar a los ojos permite dos cosas. En primer lugar, asegura a las otras personas que tu atención está puesta en ellos. En segundo lugar, da más confianza ya que el hecho de no tener contacto con los ojos puede resultar sospechoso. Es particularmente cierto cuando hablas de algo serio como una promesa o un acuerdo legal con un amigo. Si fueras a pedirle a un amigo que te prometiera algo, puede que desviaran la mirada aquí y allá y asintieran, lo cual podría suponer un problema de confianza para ti. Del mismo modo, si tu amigo reacciona asintiendo mientras te mira a los ojos, tendrás menos dudas sobre fiarte de él.

Tienes que asegurarte de que miras a los ojos de forma constante, pero sin hacerlo fijamente. Mirar muy fijamente puede resultar siniestro y puede confundirse con algo negativo. Si miras muy intensamente, podrías intimidar a la otra persona, lo que la llevaría a sentirse incómoda. No quieres que pase eso.

¿Qué pasa si una persona no mira a los ojos?

Podría haber diferentes razones para ello. Podría ser que estuviera mintiendo, pero esa no es la única posibilidad.

- A veces a la gente le da vergüenza algo y evita mirarte a los ojos. Por ejemplo, una persona por debajo de ti en el

trabajo puede que se sienta con menos poder cuando está enfrente de ti. En este caso, puede que estén diciendo la verdad pero que no te miren a los ojos por otro motivo distinto.
- Del mismo modo, una persona puede que no te mire directamente a los ojos cuando no han podido cumplir tus expectativas. Este caso puede darse entre niños con padres, esposos/as y niños con profesores.
- Otras personas pueden simplemente no mirarte a los ojos porque se sienten intimidadas. Encuentran más sencillo responderte sin mirarte a los ojos.

Capítulo 8: Otras emociones que expresan los ojos

Lágrimas:

Es un tipo de emoción mostrada en los ojos. La mayor parte de las veces está fuera de tu control. Es posible que suceda cuando estas agobiado. Algunas personas derraman lágrimas cuando están tristes, otras cuando están demasiado contentas. Alguna gente también llora cuando tienen miedo o se sienten impotentes. De este modo, en ocasiones los ojos se expresan derramando lágrimas.

Parpadear:

Es otra muestra importante. A veces empiezas a parpadear más de lo habitual. La frecuencia con la que parpadeas se altera normalmente durante conversaciones con otras personas. Se suele decir que cuando eres consciente de que estas frente a alguien, en especial si te atrae, responderás parpadeando más de la cuenta. Es algo que no puedes controlar.

Lo normal es parpadear de 6 a 10 veces por minute. Por lo tanto, observando puedes determinar la forma de pensar de la persona con la que hablas. Algunas chicas baten sus pestañas, lo cual puede estar también fuera de control. Sin embargo, también podría ser intencional como forma de coqueteo.

Pestañear:

Pestañearesnormalmenteotra forma de coquetear.Puedes pestañear a alguien que te guste. De cualquier modo, no es un gesto muy apropiado. Ten cuidado, porque algunas personas tienen tics incontrolados debido a algún problema en el músculo del ojo. Esto podría llevar a la persona a guiñar uno o ambos ojos dándote la impresión equivocada. Por lo tanto, tienes que tener en cuenta este factor antes de llegar a una conclusión que podría ser equivocada e incluso embarazosa.

La dirección de la mirada:

La psicología nos dice que la dirección a la que miran los ojos puede descubrir también el pensamiento. Si una persona mira a su derecha, puede denotar creatividad en sus pensamientos. En este caso podrían estar mintiendo o inventando una historia que contarte.

Si una persona mira a su izquierda, puede significar que esté tratando de recordar algo. Esta regla solo se aplica a la gente diestra. Si una persona es zurda, sería al revés. Por lo tanto, puede que quieras hacer esta observación psicológicamente.

cejas:

Tus cejas juegan un papel en la forma de expresarte también. Si alzas tus cejas sarcásticamente a una persona, lo captarán sin pronunciar una palabra. Fruncir el ceño muestra enfado o desaprobación. También podrías alzar las cejas para cuestionar algo. Por lo tanto, pueden utilizarse para expresar los sentimientos.

Con la información dada, puedes ver que los ojos juegan un papel integral en el lenguaje corporal. También que la mirada generalmente te encamina a la verdad. Es difícil condicionar los ojos a apartarse de las reacciones naturales o a esconder la verdad con ellos. Algunas de las reacciones como las de las pupilas son involuntarias por lo que los ojos pueden ser el mejor indicativo del lenguaje corporal de una persona. Por esta razón le hemos dado un tratamiento especial dentro las señales no verbales, que haga comprender su relevancia.

A continuación hablaremos rápidamente de otros aspectos que reflejan tus pensamientos.

Pelo:

Es muy interesante ya que tu pelo puede decir mucho de tu estado emocional. Algunas personas puede que parezcan apagadas algunos días o que digan que su pelo tiene un mal día. Esto puede deberse al estrés, la ansiedad, falta de tiempo y prisas.

Nariz:

Lo creas o no, incluso tu nariz puede reflejar tu humor. Algunas personas inflan sus aletas cuando se enfadan. Otras puede que arruguen su nariz cuando no les gusta algo o para expresar desaprobación.

tu postura:

En una postura erguida, los hombros deberían estar echados atrás y la barbilla arriba. Hay que tener cuidado de no echarlos demasiado atrás porque podría hinchar el pecho. Esto también ayuda a prevenir problemas de columna o problemas posturales. Algo también importante es que permite que te muestres confiado en lugar de una postura encorvada, que te mostraría débil o con falta de confianza.

Brazos y manos:

You may not need to say much if you are sitting with your arms tightly across your chest. It signifies that you are not open to conversation, annoyed, frustrated or angry. It could also be simply out of habit. Hand gestures have been elaborated on earlier so they shall not be discussed in greater detail here.

Piernas:

Tapping your legs indicates restlessness. Spreading them out indicates that you are or want to relax. Sitting with your legs both closed and in an upright position indicates that you are probably nervous, tense etc. There are some cases in which you may feel uncomfortable about a certain dress you are wearing. Sitting closed like that can indicate that you are uncomfortable or conscious of yourself.

Pies:

Some people have a habit of tapping their toes or feet. This indicates that they are probably restless, anxious or in a hurry. Your feet also determine your walking style. If you walk with normal steady steps, it gives off an air of confidence. However, if you walk with small steps, you may seem like you are uncertain of your next step. Walking too slow indicates that you are too laidback in your attitude.

All in all, you saw that every part of your body from head to toe signifies something and plays a part in your body language.

Your verbal responses are not the only form of your expression but your entire body is.

Conclusión

So finally we conclude the book. As you saw, body language is a very comprehensive topic. It plays an essential role in your personal as well as your professional lives. The book was started with the general basics on what nonverbal cues are and how to identify them. This was followed by an essential concept of perception which indicated how our minds play an active role in our body language. You were taught how to alter your thinking mechanism by altering your perception.

The book followed a basic protocol followed by the professional changes in your set up along with plenty of relevant, yet easy to understand examples of varied kinds. The purpose was to understand the concept of body language in a varied manner so as to understand the different nonverbal cues in your personal as well as your professional life. The latter part of the book focused more on the psychological aspect of body language, how you can interpret the cues and how to analyze them. It was also discussed how you must analyze them to your own advantage.

Emphasis was placed throughout the book on the fact that your verbal responses must be in synchrony with your body language. If this is not the case, then you are not being true to your inner feelings. This is because as humans, we tend to lie to each other as well as those around us. This may be because of environmental reasons, cultural pressures or because we just do not want to admit our true feelings. Regardless of the reasons, the fact remains that our body language may vary from our verbal responses. It was also explained that while we may alter our verbal responses to what we consider as the desired form, our body language does not always follow.

Our whole body is a walking form of expression. Each part of the body from head to toe signifies something about us. We tried to shed light on most of the important ones and briefly on the rest to allow you deep understanding of this topic. It was also explained that while our body language tends to follow our inner true feelings, it can still be conditioned for example in professional set ups. The techniques were explained in great detail to allow you to be more confident and successful. Overall, this book was developed as a complete guide to your personal and professional success. We sincerely hope that this book is able to benefit you and your loved ones in some way or the other. So get started on our tips right away. Develop your personality and achieve success in every walk of life.

Parte 2

Introducción:

La vida puede ser ya lo suficientemente confusa sin tener la necesidad de descifrar qué es lo que están pensando quienes te rodean. La mayoría de nosotros sabemos demasiado bien qué se siente discutir con un jefe o pelear con una pareja. Durante estas instancias, no nos queda del todo claro qué es lo que la otra persona quiere de nosotros. Se tiene el presentimiento instintivo de que algo no funciona bien, como si sus acciones y palabras no fueran congruentes. Nos hemos alejado tanto de nuestros instintos básicos que las interacciones con otras personas se han vuelto deshonestas y contraproducentes.

Nuestro lenguaje corporal casi siempre nos traiciona cuando tratamos de mentir o evitamos compartir información. Al ser confrontados, este puede ser instantáneamente revelador aún antes de tener el tiempo de procesar lo que está sucediendo. Nuestra cultura moderna determina frecuentemente que pensemos y elaboremos respuestas culturalmente aceptables. Esto provoca que ocultemos sentimientos y verdades,enviandoseñales confusas a nuestro entorno.

Aprender a leer el lenguaje corporal puede ser una experiencia liberadora. En muchas ocasiones podrás evitar tener que sentarte y preguntarte qué es lo que realmente está sucediendo. Esta habilidad podrá ayudarte a evitar conflictos y saber cuándo seguir adelante, al igual que será una guía de cómo proceder con tu propio comportamiento.las personas estarán sorprendidas al ver que respondes a lo que su lenguaje corporal comunica, en vez de responder a lo que están diciendo en voz alta.

Existen muchas situaciones en las cuales leer el lenguaje corporal puede ser útil. Puedes aprender mucho acerca de alguien simplemente mirando el modo en que se mueve y reacciona ante lo que le rodea en su vida cotidiana. Puedeslograr mucho discernimiento con la simple observaciónde tu jefe, colegas y compañeros. Dichas observaciones podrán ayudarte cuando llegue el momento de conversar acerca de alguna temática en particular. El conocimiento obtenido acerca de sus personalidades te ayudará a entender cómo acercarte a dicha interacción para lograr el mejor resultado posible.

También es pertinente analizar diversidad de personalidades y desórdenes mentales. Hay muchos factores que están involucrados en la expresión de nuestro lenguaje corporal. El entorno, las vivencias, las preocupaciones; todo genera variaciones en las respuestas de nuestro cuerpo. Hasta el tema de conversación en sí mismo puede jugar un rol de cómo evoluciona el encuentro con otra persona.No se puede suponer en forma general sin antes tratar de poner todas las piezas del rompecabezas en su lugar. Es muy importante escuchar lo que tu lenguaje corporal está comunicándote en cualquier situación dada.

Llegará un momento en que nuestro instinto humano pueda ser un excelente defensor al asesorarnos tanto a nivel verbal como a nivel de respuestas físicas. Podría requerir un poco de práctica volver a lo básico cuando se trata de comunicación natural a través de señales sutiles, pero se puede aprender. Principalmente se trata de despejar todas las distracciones que están interfiriendo una verdadera comunicación y un real entendimiento. Tómate el tiempo para prestar verdadera atención a lo que sucede a tu alrededor.

Capítulo 1: ¿Cómo funciona la mente subconsciente?

Antes de comenzar a leer el lenguaje corporal y poder discernir el comportamiento de las personas, necesitas comprender la mecánica detrás de lo que la personalidad de las mismas constituye. Para ello, necesitamos dar un pequeño vistazo al rol que ejerce la mente subconsciente. Una gran parte de nuestra respuesta a ciertos estímulos está muy influenciada por nuestra mente subconsciente. Entonces, ¿qué es la mente subconsciente y cómo funciona?

La mente subconsciente está compuesta de recuerdos, experiencias y creencias almacenadas en nuestra mente de la que no estamos al tanto directamente. Esta enorme reserva de recuerdos tiene mucha influencia en la personalidad y dirige nuestras fortalezas así como también nuestras debilidades. Por ejemplo, hablar en público es un área de preocupación para muchas personas. Muchas amistades encuentran muchas dificultades para expresarse acertadamente al enfrentarse con una audiencia. Las investigaciones psicológicas han revelado que ciertas creencias o las vivencias del pasado de dichas personas pueden ser la clave de estasdificultades y que vale la pena analizarlas.

Los psicólogos sospechan que la creencia más común que influye dicha conducta es que las personas se piensan a sí mismas en forma negativa. Esto podría ser el resultado de haber sufrido acoso en su niñez o haber sido constantemente opacado por parientes y maestros por ser demasiado expresivo.

Otra teoría interesante acerca de la mente subconsciente afirma que no sólo moldea la personalidad sino que también influye en la percepción subjetiva de los acontecimientos externos. Por ejemplo, si una persona autoafirmada ve que otros le sonríen, seguramente pensarán que es un símbolo de admiración o atracción. Por otro lado, una persona que tiene dificultades en autoafirmarse podría pensar que los demás se están burlando.

Por lo tanto, es vital comprender cómo funciona la mente subconsciente antes de seguir avanzando y, en efecto, comenzar a leer el lenguaje corporal.

Sigmund Freud fue un neurólogo austríaco famoso que es considerado uno de los pioneros del psicoanálisis moderno. El trabajo de Freud hizo una gran contribución a esta área, al igual que su investigación sobre una amplia variedad de disciplinas como religión, filosofía y feminismo han sido materia de constantes debates dentro de los círculos de la psicología hasta nuestros días.

Freud fue el primero en presentar la idea de que la mente humana podría dividirse en tres partes. Si tuviéramos que representarla en una pirámide escalonada, en la cima pondríamos a la mente consciente, la parte de nuestra mente de la que estamos más al tanto y que podemos controlar a voluntad. Se la podría comparar con el teclado o el mouse de una computadora, podemos decidir qué información queremos ingresar y de qué manera.

Justo debajo de la cima representaríamos a la mente subconsciente, su propósito principal es el de ser un mediador entre la mente consciente y la tercera parte de la mente humana, el inconsciente. Si continuamos con la analogía de una computadora, la mente subconsciente funciona como la RAM (memoria de acceso aleatoria). El rol de ambas en sus respectivos dominios sería almacenar información importante y reciente para que dicha información estuviese disponible cuando fuese necesario.

En nuestra mente subconsciente se almacenan nombres, caras, números y experiencias recientes; y está más activa cuando nuestra mente está en estado de relajación. Esto sucede cuando dormimos, o realizamos tareas relajantes como tomar una ducha o tomar sol en la playa. Es muy probable que tengamos nuevos pensamientos e ideas durante estos estados porque son los momentos en que la mente subconsciente funciona a todo vapor.

Ya es muy sabido cómo se concibió la

palabra "¡Eureka!" Mientras Arquímedes se estaba bañando notó el desplazamiento del agua cuando su cuerpo ingresó a la bañadera. Este descubrimiento lo llevó a proponer lo que hoy en día conocemos como Principio de Arquímedes. Nuestra mente subconsciente es parte integral de nuestro proceso de pensamiento, aunque no siempre seamos del todo conscientes de ello.

La última parte de la mente – pero no menos importante – es el inconsciente que constituye la base de esta pirámide. Como el disco duro de una computadora, la mente inconsciente funciona como una gran unidad de almacenamiento de información. Todas nuestras vivencias, creencias y pensamientos que influyen en nuestra personalidad están almacenadas allí.

La mente subconsciente en conjunción con la mente inconsciente construye la parte lógica de nuestro proceso de pensamiento. Son estas partes de la mente que nos ayudan a encontrarle sentido a las cosas y determinan cómo vamos a reaccionar ante ciertas situaciones. Durante la etapa temprana de nuestra niñez, cuando aún no éramos conscientes de nosotros mismos, el inconsciente y el subconsciente constituían las partes de la mente que determinaban nuestras acciones y nos daban indicios de cuando llorar, alimentarnos o inclusive en qué momentosonreír.

Capítulo 2: ¿Cómo utilizar el poder de tu mente subconsciente?

Ahora que ya hemos desarrollado algo de entendimiento sobre el poder de la mente subconsciente, podemos utilizarlo para nuestro beneficio. Antes de proseguir, lo que necesitamos es aclarar que la mente subconsciente no puede hacer milagros. Por lo tanto, las personas necesitan mantener sus expectativas controladas al comenzar a dirigir el poder de la mente subconsciente.

Por ejemplo, algunas personas creen que al convencerse de una afirmación, esto pasa a ser verdadero; pueden empezar a perder peso sin realizar ningún ejercicio o dieta. Esto es totalmente irreal, tu mente no puede hacer tanto por sí sola. De hecho, es tu cuerpo el que tiene que realizar la tarea a un nivel físico. Entonces, tu objetivo debiera ser convencer a tu subconsciente de desarrollar el marco mental adecuado de modo que pueda tener la voluntad y determinación necesaria para hacer lo que hay que hacer.

Tu subconsciente puede ser tu mayor aliado en la búsqueda de éxito y excelencia. Puedes lograr mucho si tu mente consciente está sincronizada con tu mente subconsciente. Existen muchas técnicas que se pueden probar para entrenar al subconsciente y así alcanzar tus metas. La clave está en enfocarse en el objetivo propuesto. Una de las técnicas más importantes para entrenar al subconsciente se denomina 'condicionamiento alfa'. El proceso es muy simple y hay muchas maneras en las que se puede alcanzar ese estado mental.

Puedes sentarte en una bonita silla cómoda y dejar que suene música relajante en el ambiente (preferiblemente sin letra). Luego, imagina que relajas tus músculos de cabeza a pies. Trata de no enfocarte en el acto en sí mismo, más bien, deja que tu mente divague en un estado de ensoñación. Respira lenta y profundamente repitiendo el mantra '3...2...1... ALFA'.

La ventaja del condicionamiento alfa reside en que te ayuda a relajar la mente y el cuerpo de manera que tu subconsciente puede aflorar a la consciencia y así ser más moldeable.

Si tienes una meta y quieres que tu subconsciente te ayude al respecto, sólo concéntrate en esa meta antes de ir a dormir. Veamos un ejemplo para clarificar lo dicho previamente. Supongamos que te has dado cuenta que no eres bueno en matemáticas y quieres cambiar eso. Tu subconsciente ha registrado que no eres bueno en esa materia, lo que significa que no te sientes seguro cuando tratas de resolver algún problema matemático. Para solucionar esta problemática, cada noche antes de ir a dormir repítete 'Estoy mejorando en matemáticas'. Los pensamientos positivos y el marco mental adecuado influirán en gran medida en tu subconsciente.

Nuevamente, quiero destacar que para mejorar realmente debes, a su vez, esforzarte conscientemente. Necesitas trabajar duro para mejorar tus notas y tus habilidades, paso a paso. Cuando te des cuenta del avance, por mínimo que sea, tu subconsciente automáticamente empezará a hacerte sentir más seguro.

Al enfrentarse con ciertas dificultades, es importante darse cuenta del impacto del marco mental positivo. Debes tratar de evitar el stress, la ansiedad y los pensamientos negativos lo más que puedas, porque influirán en tu subconsciente. Trata, en cambio, de tratarte con afirmaciones positivas. Los psicólogos han llevado a cabo muchos experimentos que han fortalecido mucho la fe en el poder del subconsciente.

Un consejo muy práctico que puede ayudarte antes de una entrevista o un discurso, que también involucra a la mente subconsciente, es tratar de rememorar los momentos cuando te elogiaban y aplaudían quienes te apreciaban. Piensa en esos momentos en que realmente te sentías bien contigo mismo, al hacerlo alterarás tu subconsciente de tal manera que cuando estés en la entrevista o des el discurso, sentirás mucha confianza en ti mismo.

Tomar decisiones lúcidas acerca de tus objetivos en la vida juega un rol significativo en caso de que tu subconsciente pueda realmente ayudarte a alcanzar tus objetivos. Plantearse objetivos no realistas para ti deteriorará tu autoestima y, en consecuencia, tu subconsciente sufrirá.

Aprende a tener objetivos LUCIDOS* en tu vida. Por ejemplo, si quieres escribir un libro, escribe un manuscrito que pueda ser presentado a los editores en un tiempo específicoen lugar de esperar que tu libro sea publicado de un día para otro, y nunca decidir el momento de comenzarlo o terminarlo.

*Eninglés S.M.A.R.T. (Specific, Measureable, Achievable, Result-focused and Time bound)

(Específico, mensurable, alcanzable, enfocado en resultados y limitado en el tiempo)

Capítulo 3: ¿Por qué prestar atención, en primer lugar, al poderdel subconsciente?

En esta sección observaremos algunas de las razones de porqué los psicólogos tienen tanto interés en esta materia. La mente subconsciente es una herramienta muy poderosa, que si se utiliza apropiadamente, puede ser un aliado muy poderoso para ti. En las secciones previas hemos discutido la teoría de Freud acerca de cómo la mente humana puede ser dividida en tres grandes categorías:

- La mente consciente.
- La mente subconsciente.
- La menteinconsciente.

Ya sabemos que la mente consciente tiene capacidades limitadas. Nos rodea tanta información que no puede ser almacenada toda en nuestra mente consciente. Luego de cierto período de tiempo, la información almacenada allí se borra y es reemplazada por cualquier nueva información. Esto significa que la capacidadde esta parte de la mente humana es bastante limitada.

Sin embargo, podría sorprenderte saber que la mente consciente sólo utiliza el 10% de tus funciones cerebrales. El resto lo utiliza la mente subconsciente, la cual se cree tiene un potencial ilimitado ya que todavía no ha sido estudiada completamente. Todavía estamos descubriendo varias formas en que la mente subconsciente puede influir en nuestras vidas.

Ventajas de desarrollar el subconsciente.

Existen muchas ventajas que nos proporciona dirigir el poder de nuestro subconsciente. Hemos observado cómo una mente subconsciente sana puede llevarnos hacia el desarrollo de una mejor personalidad. Las personas que han 'moldeado' su subconsciente de un modo que les resulta ventajoso suelen ser impactantes. Estas personas tienen capacidades de liderazgo y se destacan en actividades como hablar en público y actuar en el escenario. También podemos observar que tienen el impulso y la determinación que alimentan sus ambiciones y les permite alcanzar nuevas alturas.

Personas con un subconsciente saludable.

Tener una mente subconsciente saludable también tiene cierto efecto en tus habilidades para tomar decisiones. Te ayudará a mantenerte calmado bajo presión. Te sentirás segurocon tus corazonadas, aun cuando el mundo entero te diga lo contrario. Este discernimiento sólo puede desarrollarse si utilizas la mente subconsciente a tu favor.

Tu autoestima está directamente influenciada por tus vivencias pasadas y tus creencias. Cabe destacar que los progenitores necesitan tener esto en cuenta para poder criar a sus hijos. En ningún momento deberían tratar a sus hijos de modo que les afecte en su autoestima. La primera cosa que deben evitar es escarmentar a sus hijos en público. Aún si su hijo ha hecho algo mal, llévelo aparte y hágale saber que hicieron algo malo.

¿Curarse a través del subconsciente?

Crease o no, también existen afirmaciones de auto-sanación asociadas a la mente subconsciente.

Hay un amplio concepto detrás de las medicinas alternativas. Ha habido muchos casos de personas con enfermedades terminales, como cáncer, que han buscado la cura en tratamientos alternativos en lugar de curarse con tratamientos tradicionales. Debemos aclarar que dichas afirmaciones sólo se basan en experiencias y opiniones personales de quienes han vivido dichas experiencias.

Personalmente ni apoyo ni niego las medicinas alternativas. Sin embargo, debemos apreciar que muchas personas han utilizado este enfoque y han obtenido resultados milagrosos. Por ejemplo, un cura en Estados Unidos afirmó que se curó de un cáncer de pulmón en estadio III utilizando sólo el poder de su mente. Repetía palabras de reafirmación positiva entre 4 a 5 veces al día, y milagrosamente el cáncer desapareció sin más de su cuerpo.

Aunque no existe información empírica disponible que ampare la teoría de la curación mental; podemos estar seguros que ciertos ejercicios mentales pueden mejorar el funcionamiento general y el desarrollo cognitivo. Desarrollar el subconsciente también ayuda a desarrollar el enfoque y la visión. Encontrarás que concentrarte en tu trabajo es más fácil con una mente relajada y bien alimentada.

Capítulo 4: Desconectando las distracciones.

El primer paso para descifrar lo que las personas están comunicando con su lenguaje corporal es desconectar sus palabras. Esto puede resultar muy difícil, especialmente durante una discusión acalorada u otra situación tensa. Cuando todo te viene a ti de una sola vez, puede llegar a resultar casi imposible decodificar las variaciones en señales que puedas estar recibiendo desde varias personalidades. Practicar durante un tiempo puede que sea el mejor modo para entrenarte en este arte.

Aprende con quienes te rodean.

Informa a tu familia y amistades que estarás utilizando esta técnica con ellos, como si fueran conejitos de india para tu proceso de aprendizaje. Ponte un par de auriculares y pasa un día enfocándote en el lenguaje corporal de quienes te rodean. No es tan difícil como parece, toma una pista del perro de la familia. Con habilidades verbales limitadas, los animales hacen esto todos los días. Tú también puedes. Esto será más fácil con personas a quienes conoces bien, porque ya estás conectado a ellos en sus hábitos cotidianos.

En un principio, no tienes ni que intentar comunicarte. Simplemente siéntate y observa cómo interactúan tu pareja y tus hijos. Invita algunas amistades y obsérvalos mientras hablan, comen y juegan. En una primera instancia tendrás un panorama general y puede que no distingas los detalles, esto es normal. Con el transcurso de los días empezarás a separar diferentes movimientos en distintas categorías. Diferentes partes del cuerpo reaccionarán a ciertos estímulos y emociones.

Lleva tus conocimientos a la vida cotidiana.

Puede que quieras llevar este experimento al bar local. Ubícate en un rincón y observa pacientemente. Notarás que ya sabes más del lenguaje corporal de lo que creías. Es probable que seas capaz de diferenciar una pareja feliz de una relación tensa. Podrás discernir si alguien está estresado o relajado. Las interacciones entre las personas también serán fáciles de interpretar.

Diferentes grupos de personas te darán diferentes señales que nos alerten acerca de sus sentimientos internos. Estas señales pueden determinar subconscientemente cómo los demás reaccionan ante nosotros. Las personas introvertidas pueden dar cuenta de una situación social de forma muy distinta que los extrovertidos.Un individuo socialmente reservado estará más en contacto con su lenguaje corporal, mientras que un extrovertido parecerá más relajado. Sus niveles de confort pueden ser vistos claramente por sus acciones. También te darás cuenta en el grupo quien está disfrutando la visita y quien querría estar en algún otro lugar.Aquellos que quieran estar en otra parte estarán mirando diferentes cosas y no estarán interesados en la actividad del grupo. Las personas satisfechas del grupo estarán intencionalmente concentradas en la compañía de los demás.

Si confrontaras al individuo distraído, lo más probable es que encuentres una respuesta que claramente se contradice con las señales que está enviando su cuerpo.Afortunadamente, has obtenido algo de confianza acerca de cómo leer las señales que el lenguaje corporal de la gente te da de este ejercicio. Ahora sabes que algo de conocimiento tienes acerca de las maneras de las personas de otraépoca. Tal vez el mundo moderno te ha quitado muchos instintos naturales, pero este no; yaestás listo para comunicarte a un nivel superior. Prepárate para poner en práctica este conocimiento.

Personas perfeccionadas en observar.

Toma tus auriculares y repite los pasos anteriores. Este es la segunda parte de tu tarea de observar a las personas. Recuerda concentrarte en el lenguaje corporal de las personas primero. Inicialmente deberías realizar un esfuerzo consciente para desconectar lo que las personas estén diciendo. Alerta a tus familiares y a tus amistades. De otra forma se preguntarán porque estás mirando sus cuerpos tan insistentemente. Recuerda que tienes que practicar ser más natural al observar el lenguaje corporal de las personas.

La verdad se podrá distinguir más probablemente en cómo esté actuando la persona en lugar de lo que esté diciendo. Las personas quieren ser escuchadas cuando tienen que decir algo. Esto puede ser confuso cuando intentas descifrar cómo responder a dicha situación. Algunas personas no querrán responderte de manera sincera ante lo sucedido, mientras que otras apreciarán que al parecer entiendes que te necesitan. Una vez que te sientas cómodo utilizando tus nuevas habilidades mientras hablas, tómate el tiempo de comparar sus palabras con sus acciones, y desarrolla tushabilidades de interacción.

Comenta a tus amistades y a tus familiares que ya casi terminas de practicar con ellos, pero esta vez ellos tienen que jugar también. Logra que digan algo que no sea real y observa si puedes descifrar la verdad en sus movimientos. Plantea preguntas simples, como su comida o color favorito. No podrás discernir los detalles de las respuestas de su lenguaje corporal, pero sí serás capaz de distinguir si te están mintiendo. También serás capaz de observar una correlación entre sus palabras y los movimientos de su cuerpo. ¡Felicitaciones! Has asustado a tus hijos al hacerles creer que puedes leer sus mentes. Disfruta el poder. Ahora vuelve al mundo real.

Vuelve al bar donde estuviste y escucha a las personas que estén hablando allí. Esto puede considerarse atrevido en muchas ocasiones. No te preocupes, tu investigación podría salvar a la humanidad.

Continúa hasta que alguien se ponga tan nervioso que llame a seguridad y te escolten a la salida,tal vez no tengas problemas en leer el lenguaje corporal del guardia de seguridad.

No, trata de pasar realmentedesapercibido. Esto es, sé discreto. Siéntate con tu laptop o notebook y aparenta que estás haciendo algo importante. Sí, vas a ser tú quien trate de confundir a las personas con tu lenguaje corporal, esta es una habilidad avanzada. De todos modos, estás haciendo algo importante; así que relájate y continúa.

Durante este ejercicio, se cuidadoso y registra las diferencias entre las palabras y las acciones de las personas que te rodean. Si alguna vez estuviste en una mala relación has tenido la suficiente preparación para hacer esto. Date cuenta que ya sabes los que estás haciendo. Continúa deslumbrándote por un par de horas hasta que te sientas cómodo pasando inadvertido en tus observaciones.

A esta altura, deberías ser capaz de trasladar estas habilidades al mundo real. La próxima vez que tengas una discusión con un colega o aún un extraño, dale una oportunidad a estas habilidades. Recuerda lo que has aprendido. Relájate y tómate un momento para entender toda la situación, deja que la persona hable, y contempla sutilmente los movimientos del cuerpo. El truco consiste en desconectar las palabras en sí mismas y concentrarse en la emoción y el movimiento de la persona con quien estás hablando.

Capítulo 5: Trucos mentales para lograr mayor afinidad con las personas.

La afinidad y su relevancia.

Entonces, ¿qué es la afinidad y cuál es su relevancia en relación al tema bajo discusión? La afinidad se puede describir como una relación armoniosa que puede establecerse entre dos partes de modo que ambas se sientan a gusto con la presencia mutua, y como resultado sean capaces de comunicarse mejor.

Nuevamente, nos damos cuenta de la importancia de la mente subconsciente. Para establecer una buena afinidad con alguna persona en particular necesitamos aplicar ciertas estrategias que nos ayudarán a sincronizar con la otra persona a ese nivel.

Establecer afinidad es una habilidad crucial y crítica para la resolución de problemas delicados. Por ejemplo, llevar a cabo una negociación en una situación de secuestro requiere que se establezca una buena afinidad. Sin establecer alguna clase de vínculo con estas personas, no habrá manera de resolver la situación. Sin este buen vínculo de afinidad se comprometerá la seguridad de los rehenes, lo cual constituyeun tema de preocupación grave.

Aunque este ejemplo puede resultar un poco extremo, demuestra la necesidad de una buena afinidad. Aun en nuestra vida cotidiana necesitamos ser capaces de entender a las personas mejor que antes de forma que se puedan resolver los conflictos y lograr que las personas estén de acuerdo con nuestros objetivos.

Señales que puedes utilizar a tu favor.

Existen cuatro señales que nos proporcionan mucha información acerca del marco mental de la persona y cómo reaccionarán ante ciertos estímulos. Podemos utilizar esta información para acomodar nuestro comportamiento de tal manera que la otra persona se sienta cómoda en nuestra presencia. Llevarlos a su zona de confort nos permitirá evaluar mejor a la gente. Sólo en esos casos revelaran su verdadero ser y sus verdaderas intenciones.

Para lograr establecer afinidad empleamos una técnica llamada espejo. Esto significa reconocer la personalidad de la persona con quien estás hablando, y luego tratar de imitar sus emociones, necesidades y objetivos.

¿Qué revelan los gestos de las manos?

Los gestos de las manos nos proporcionan mucha información acerca de la personalidad de esa persona. Siempre que estés sumergido en una conversación con alguien, intenta observar qué están haciendo con sus brazos y manos. Si notas que la persona no sacude mucho sus manos al hablar; trata de copiar sus gestos y no muevas mucho tus manos si intentas establecer más afinidad.

También deberías prestar atención a su postura corporal, si la persona en cuestión se acerca hacia ti significa que está abierta e interesada en lo que tienes que decir. Mientras que si se alejan de ti significa que se están protegiendo o cerrando, de modo que no hay confianza entre ustedes. Ahora es momento de adaptar tu estrategia acorde a ello.

¿Qué revelan los patrones respiratorios?

Luego deberás tomar nota mental de los patrones respiratorios de la otra persona.Trata de observar señales de cómo está respirando para que puedas copiar eso en el proceso de imitación. Recuerda, aunque la otra persona no sea totalmente consciente de lo que estás haciendo, su subconsciente estará registrando esa información. Como consecuencia, la persona con quien estés hablando se relacionará en forma amistosa.

Algunas personas respiran con su diafragma mientras que otras lo hacen con la parte superior de su torso, esto es una conducta aprendida que comienza a muy temprana edad. Quizás necesites practicar estas técnicas de respiración para no parecer antinatural cuando imites a la persona que tienes enfrente de ti.

¿Qué revelan los niveles de energía?

Los niveles de energía de tu interlocutor también dan un claro indicio acerca de su personalidad. Esta información es vital para establecer una buena afinidad y deberías prestar mucha atención, observa su comportamiento. ¿La otra persona parece radiante y segura de sí? ¿O parece tímida?

Considera este factor de la personalidad antes de elegir a alguien. Recuerda, para que se establezca una buena afinidad es necesario que la otra persona se sienta cómoda ante tu presencia.Siempre adáptate y ajústate acorde a lo mencionado. Si pareces agresivo o fuera de sintonía con ellos, su subconsciente lo registrará y la relación sufrirá.

¿Qué revelan los patrones del habla?

Finalmente, tenemos que tener en cuenta el volumen y el tono de nuestra voz. Debido a que el habla es el principal medio de comunicación, es necesario tener mucho en cuenta este factor en nuestro criterio. Trata de imitar los patrones del habla de tu interlocutor. Busca respuesta a estas preguntas cuando establezcas afinidad: ¿la otra persona habla en un tono bajo o es de gesticular mucho? ¿Qué clase de palabras utiliza, complejas o simples? ¿Cuán rápido habla? Si encuentras respuestas a estas preguntas e imitas a la otra persona adecuadamente, ellos estarán más dispuestos a conversar y actuar positivamente contigo.

Capítulo 6: Lee y comprende las señales no verbales de las personas.

Aparte de la información obtenida a través de la comunicación normal con las personas en nuestro día a día, hay otra fuente que nos otorga mucha intuición acerca de sus personalidades. Necesitarás un poco de práctica para utilizar la información y sacar conclusiones a partir de ello, no esperes que tus nuevas habilidades te den la capacidad de leer la mente. A veces las señales sutiles van a expresarse al variar los niveles de malestar.

Los niños son fantásticos al desplegar señales de malestar cuando se los encuentra con las manos en la masa. Mientras que los adultos, luego de años de condicionamiento social, suelen tener más control sobre ello. El control total, sin embargo, no es lo más común; aunqueentrenarse para el FBI podría probar lo contrario. Sé cauto en tu interpretación.

¿Cómo identificar el malestar ajeno?

Primero, podemos observar cómo alguien podría estar incómodo en una situación grupal. Acostúmbrate a observar a las personas, puede ser divertido. Volvamos a la idea de una persona introvertida dentro de un grupo en el bar para poder desarrollar bien el concepto.

Imagina que hay un grupo de 5 o 6 personas hablando despreocupadamente. Sabes que están cómodos porque sus brazos están relajados y alejados de su cuerpo, no están en una postura rígida, y hacen contacto visual entre ellos fácilmente.

Ahora imagina que hay una mujer al final de la mesa queestá sujetándose la ropa y cruzando los brazos. Está tratando de encontrar a alguien con quien intercambiar su mirada más que con todo el grupo. Esta mujer está claramente incómoda;no puedes saber qué piensa exactamente con sólo mirarla, pero te das cuenta que no está cómoda con la situación.

Este nivel de malestar te da laseñal de que algo definitivamente no está bien, aunque no tienes idea de qué sea lo que está pasando. Este tipo de observación puede guiarte a una reacción simple que representa cuestiones subyacentes.

Esto es más útil de lo que piensas. Durante una discusión puedes concluir muy bien que la otra parte está mintiendo al utilizar esta táctica. Sé muy selectivo acerca de las palabras que utilizas y presta atención a la reacción física de la otra parte. Lo primero que hay que considerar cuando alguien está incómodo va a ser el contacto visual. Las personas no pueden escapar a sus propias mentes cuando tratan de ocultar algo.

Señales faciales.

Nuestros ojos, sonrisa y muchos otros indicadores más pueden dar una descripción adecuada de lo que está sucediendo en nuestras mentes. Podemos distinguir entre una sonrisa real y una falsa sólo al observar los ojos. Una sonrisa genuina delineará muchos pliegues en la piel cerca de los ojos mientras que estos no están en una sonrisa falsa. Puedes utilizar esta información para decidir si alguien está mintiendo o diciendo la verdad.

Al contrario de la creencia popular, si alguien mantiene constante contacto visual cuando se le pregunta si hizo algo que no quiere aceptar, hay mucha probabilidad de que esté mintiendo. De forma similar, si una persona está mirando constantemente hacia abajo cuando se les pregunta, especialmente personas del género opuesto, indica una falta de autoconfianza más que de una mentira.

Si una persona mira cada tanto hacia arriba cuando entabla una conversación, en general, es una buena señal. Esto significa que la persona tiene interés en tu punto de vista. Mirar hacia arriba significa que están pensando acerca de lo que le dices. Sin embargo, esta señal puede llegar a ser malinterpretadaal confundirla con el gesto de frustración de revolear los ojos hacia arriba; esta última no suele ser una buena señal ya que piensan que tienes ideas ridículas y estúpidas.

Si la mirada de la persona está dando vueltas por toda la habitación, quiere decir que no quiere mirarte, ypuede ser una señal de huida. Recuerda, antes de la era moderna las personas respondían con el lenguaje corporal más que con el idioma. Si te encuentras a ti mismo ante la presencia de un animal salvaje como un oso, querrías escapar también. Algunas respuestas del lenguaje corporal son básicas y directas.

Una vez que el contacto visual ha pasado, tal vez notes que estén viendo qué hacer con sus extremidades. Estamos todos al tanto del concepto "pelea o huye." Es una respuesta natural que afecta a la mente y al cuerpo humano. Al enfrentarse a una situación que la mente percibe como adversa para el individuo, las glándulas suprarrenales liberan una hormona llamada 'adrenalina.' La expresión 'shock de adrenalina' se refiere a la súbita liberación de la misma en el cuerpo humano que nos hace reaccionar instantáneamente permitiéndonos estar alertas para pelear o huir de alguna situación.

Subconscientemente, las personas pueden sentirse amenazadas en una situación estresante preocupándose en qué hacer. Pelear o huir requiere de un esfuerzo consciente, pero si la mente tiene dudas de a qué tenerle miedo (creencias subconscientes) entonces puede haber reacciones mixtas que varían de persona a persona.

Para algunas personas el stress crea una lucha para encontrar una postura confortable. Puede que dejen sus brazos cerca del cuerpo, por ejemplo, sin saber qué hacer con ellos. Esto es muy fácil de observar en alguien que conozcas bien.

Cuando pasas mucho tiempo con alguien, estás muy sincronizado con sus maneras. Si comienzan a agitarse por la confusión lo notarás,en estos casos debes confiar en tus instintos.

Estamos educados desde la infancia a percibir sonrisas como felicidad y el ceño fruncido como tristeza. Sin embargo, este no es siempre el modo más fácil de entender el mundo que nos rodea.¿Cuántos de nosotros han simulado una sonrisa para una foto escolar, u ocultado nuestras lágrimas delante de nuestros amigos?

Las personas acuden a estas expresiones falsas en parte porque no desean confrontar las emociones subyacentes que las acompañan. Es mucho más fácil no hacerlo, aún si notamos las mejillas con lágrimas que complementan la sonrisa. Crease o no, la cara no es la parte del cuerpo más reveladora a la hora de las emociones.

Piensa realmente en serio acerca de tus deseos más profundos cuando estás frente a una confrontación desagradable. La mayoría de nosotros quiere huir, huir rápido. Queremos estar en cualquier lugar menos cara a cara con la persona involucrada. Muy probablemente tu cara puede ser la parte del cuerpo que trates de mantener inexpresiva, sabes que estás simulando.

Este es el momento en que fuerzas el contacto visual, pones tus hombros hacia atrás para mostrar atención, y mueves tu cabeza de acuerdo con lo que sea que se esté diciendo. Mientras te concentras en estas expresiones de atención, el resto del cuerpo está ocupado traicionándote.

Señales de la parte superior del cuerpo.

La parte superior del cuerpo revela mucho acerca del marco mental de una persona. Prestaremos especial atención al movimiento de los brazos, las manos y los hombros. Los gestos de las manos, especialmente, pueden ser muy reveladores. Si estás sentado al otro lado de la mesa y la persona tiene las palmas apoyadas en esta, indica que está nerviosa.

Podrías probar y hacerlos sentir más cómodos antes de comenzar una conversación más significativa. Por otro lado, si una persona en particular se comunica contigo y tiene las palmas de las manos enfrentadas, puede significar que es experta en el tema y sabe cómo simular. Si tu interlocutor se sienta con los brazos cruzados significa que tiene una actitud de aprensión, la otra persona probablemente no te respeta o tiene mucha reserva con respecto a tu punto de vista. Tendrás que plantear de forma convincente tu posición para ganar su confianza.

Existen innumerables gestos del cuerpo que podrían darte alguna información crítica que puedes utilizar para mover la balanza a tu favor. Por ejemplo, frotarse las manos enérgicamente significa que la persona está realmente interesada en algo que le has propuesto y está ansiosa a la espera de que le digas algo más. Tamborilear constantemente los dedos en la mesa es señal de impaciencia y debes proseguir con cautela con esa persona.

Otro gesto al que se le tiene que prestar mucha atención es cuando alguien une las yemas de los dedos, esto es señal de autoridad. Esta persona podría ser una figura autoritaria con mucha experiencia. Para enfrentar este tipo de personalidades necesitarás ejercitar la precaución y elegir cuidadosamente tus palabras.

La simple idea de seriedad también es un indicador en este tipo de interacciones. Todos nos sentimos deprimidos, emocional y físicamente cuando estamos tristes o enojados. La felicidad y la dicha nos levantan el ánimo, así como aplaudir. La dicha y el baile también levantan el ánimo. Cuando estamos felices y cómodos nos sentimos más livianos. Esta representación física de nuestro estado mental aparece naturalmente.

Es fácil observar cuando le hablas a un niño que otro niño se ha llevado sus juguetes. Comenzarán a menearse y andar con la cabeza gacha. Esta es una respuesta natural de malestar. En sus formas más exageradas sus cabezas y hombros colgaran, sus pies se moverán rápido, y tendrán movimientos nerviosos. Tal vez los adultos no se muestren de esa manera pero también les sucede hasta cierto punto algo por el estilo y se notará lo suficiente para observar cierto nivel de malestar.

Tendrás una conversación más sincera cuando veas a la persona sentarse o estar parada de forma tranquila con su cuerpo quieto y relajado. Te mirará a los ojos con calma y mantendrán la cabeza en alto. La postura será erguida pero relajada. Los hombros estarán hacia atrás. Siéntete libre de continuar con la conversación y escuchar intencionalmente para obtener el entendimiento que necesitas.

A su vez puede ser adecuado recordar que las conversaciones prolongadas pueden traerte fácilmente diferentes niveles de felicidad a lo largo de la charla. Habrá momentos de honestidad brutal seguidos por información no tan sincera. También puede darse la omisión de información sin que haya realmente una mentira. Podrás identificar tras un momento desagradable que la persona no quiere compartir cierta información contigo.

Trata de notar los pequeños cambios en el lenguaje corporal a través de la conversación de modo de descubrir las áreas contradictorias. Si lo necesitas tómate un momento para memorizar lo que dijiste y produjo una respuesta desagradable. Si sientes que quieres curiosear más sobre la información que genera ofensas presta más atención. Puede ser muy revelador agregar un tema agradable justo antes y después de un tema controvertido. Esto amortiguará las respuestas desagradables entre las agradables de modo que puedas apaciguar lo penoso, por así decir.

Señales de la parte inferior del cuerpo.

Tus pies saben exactamente dónde quieres estar, y puede que no sea el lugar donde estás ahora. Presta atención, ya sea a la posición de tus propios pies o a la de tu interlocutor. La parte inferior de tu cuerpo está delante de ti. Ante el dilema pelea o huye, la respuesta sueleser la huida. Tu cuerpo entero suele permanecer mirando a la persona a quien le estás hablando si no hay problemas de comunicación. Sin embargo, cuando la situación se pone tensa, diferentes partes del cuerpo comienzan a huir instintivamente.

Tus pies van a reaccionar a tus miedos más profundos y tratarán de ayudarte. Mientras que no es probable que te encuentres con tu interlocutor en una conversación espontánea huyendo de la situación, al menos uno de tus pies estará en posición de huida. También habrá una tendencia a moverse rápido con ambos pies yendo y viniendo de la confrontación.

Una persona que se sienta incómoda y que desee estar en algún otro lugar estará constantemente cruzando y descruzando las piernas mientras estén ante tu presencia. Cruzarse de piernas y quedarse quieto indica comodidad, mientras que el movimiento constante indicará una huida en la dirección opuesta. Cruzar los tobillos también indica nerviosismo.

La parte superior del cuerpo es también muy expresiva. Piensa en la situación en que un chico se inclina para besar a una chica, ella puede hacer lo mismo o alejarse. Este alejamiento comienza en la cara y continúa a lo largo de todo el cuerpo. Los hombros siguen a la cabeza y el cuello rota hacia afuera ya sea a la derecha o a la izquierda, el torso continúa con la rotación hasta que las piernas y los pies los siguen.

En conversaciones normales donde las interacciones físicas no se imitan, estos movimientos aún pueden suceder en menor escala. Tal vez descubras que la persona que se sienta enfrente de ti comienza a mirar por encima de su hombro de tanta en tanto, hasta parezca que giran en la silla mostrándose incómodos. Este giro en la silla está relacionado con el mencionado giro de los hombros y el torso. Puede que veas una pierna o la otra que gira en el muslo. Este lenguaje corporal muestra claramente que esta persona quisiera estar en otro lugar.

El panorama general.

Los cambios generales en posición y movimiento pueden también indicar un problema en la persona que los manifiesta. Si no puedes destacar ninguna señal aislada del lenguaje corporal en particular, ten en cuenta las acciones en general de la persona. Los movimientos constantes y la incapacidad de quedarse quieto indican que la persona no quiere la confrontación.

Todos estos movimientos pueden incluir dar vuelta la cabeza, deslizar el pie en el piso, balanceo constante al estar sentado y muchos otros movimientos de la parte superior del cuerpo. Estirarse puede estar acompañado por una enfermedad física de algún tipo. Podrían saber que están actuando extraño y tratar de inventar alguna excusa para explicar su comportamiento.

Capítulo 7: Excepciones a las reglas.

Los seres humanos somos criaturas complejas. Se supone que no se puede confiar el 100% del tiempo en estas observaciones del lenguaje corporal. Existen muchas variantes sociales, culturales y personales que las personas pueden sumarle a ciertas situaciones. La mejor manera de asegurarse de tener un alto nivel de precisión al leer el lenguaje corporal es darse cuenta de las normas con quienes queremos establecer afinidad. Cuando conoces a alguien hace mucho tiempo aprendes cuáles son sus hábitos y maneras corporales cotidianas.

Los entornos hacen la diferencia.

El conocimiento del pasado de las personas con quienes pasas tu tiempo libre o te encuentras en forma pasajera no es algo que siempre esté a tu alcance.No obstante, hay algunas herramientas que puedes utilizar para medir sus intenciones.Podría ayudar prestar atención a tus alrededores, lo que puede hacer la diferencia al respecto de cómo está actuando alguien.Si estás en un restaurante lleno de gente, algunas personas podrían ser más reservadas con su lenguaje corporal.

Si estás en un lugar privado y aun así son distantes, esto podría ser un mejor indicador de su malestar. Observa estas señales en tantos lugares diferentes como te sea posible, de manera que puedas obtener un mapa del panorama general de la situación.

Variaciones en la personalidad.

Algunas personas son naturalmente un poco diferentes que el común de los seres humanos. Todos tenemos niveles de comodidad variables y no siempre deberíamos juzgar a las personas con la misma vara. Tal vez sea mejor tomar las señales del lenguaje corporal como una guía para trabajar en lugar de una evidencia concreta. Existen diferencias naturales en las personas que tienen su raíz en preferencias personales, desórdenes y consecuencias de experiencias pasadas.

Una malinterpretación muy común al observar el lenguaje corporal viene cuando las personas tienden a ser introvertidas. Estas personas que no se manejan bien en entornos grupales extensos muy probablemente se encierren o exhiban señales de huida. Esto tal vez no tenga nada que ver con el tema de conversación que has iniciado, el sólo hecho deconversar con estas personas, en general, los hace sentirse nerviosos. Puede que no sean completamente capaces de adaptarse a cualquier situación social. Lo que significa que tal vez tengas que leer sus señales de forma distinta a quienes se comportan como mariposas sociales.

Cruzar los brazos para un introvertido puede que signifique autocontrol. Trata de aplicar lo que observas en el medio ambiente con lo que sabes de la persona antes de llegar a conclusiones apresuradas.

Ansiedad.

La ansiedad social no es poco común y afectará totalmente cómo reaccionará alguien, no sólo en situaciones sociales, sino también en las interacciones cara a cara. Este tipo de individuos tal vez sean muy conscientes de los movimientos de su cuerpo. La ansiedad causará frecuentemente un lenguaje corporal que simula evitación o mentira. Esta es una forma de incomodidad, no está mal interpretada; pero la razón de la incomodidad no tiene nada que ver con la deshonestidad en estos casos.

Puedes tener una idea de si alguien está sufriendo de ansiedad o no al mirarlos antes de una confrontación o una conversación. Las personas con ansiedad suelen exhibir una conducta un poco distinta en cada interacción. Utiliza este conocimiento como una oportunidad para ayudarlos a sentirse a gusto durante la conversación contigo, apreciarán el esfuerzo.

El espectro autista.

El autismo se ha vuelto una perturbación más evidente en el modo en que algunas personas manejan situaciones sociales o vivencias en general. Todos aquellos que sufran síntomas universales de autismo puede que no puedan comunicarse en lo más mínimo con los demás.

Sin embargo, existe un espectro muy amplio de posibilidades con respecto a la severidad de estos desórdenes. Quienes sufren de autismo suelen carecer de muchas habilidades sociales. El contacto visual puede ser difícil en muchas ocasiones, aún en situaciones familiares. Una persona dentro del espectro autista estará probablemente concentrado en lo que les han enseñado acerca de la interacción social de forma más automática.para ellos el sólo hecho de hablar con alguien es como seguir un guión que esboza cómo deberían comportarse y utilizar su lenguaje corporal, estas señales no nos llevarán a un diagnóstico común.

Los temas delicados importan.

El tema general de conversación podría ser también la causa de variedad de señales comunicadas a niveldel lenguaje corporal. Si tenés normalmente un nivel alto de comodidad con alguien,acompañado por una buena comunicación a nivel del lenguaje corporal; y de pronto todo se vuelve negativo con un tema de conversación en particular, piensa en el contenido del diálogo. Tal vez el malestar surge porque la persona no está cómoda con el tema de conversación.

Normalmente las personas reservadas encontrarán difícil participar en una confrontación de temas delicados. Algunas discusiones podrían resultar vergonzosas por naturaleza. Antes de sacar conclusiones acerca del lenguaje corporal considera qué tipo de conversación está teniendo lugar, así como el lugar donde se lleva a cabo, ya que todo esto puede afectar a muchas personas.

Experiencias pasadas y abusos.

La posibilidad de que existan luchas personales no tiene fin. Las experiencias traumáticas también jugarán un papel en el modo en que las personas se presentan a sí mismas. Las personas que han estado involucradas previamente en relaciones abusivas podrían tender a evitar conversaciones que despiertan conflicto. Esta respuesta temerosa se manifestará en un lenguaje corporal de protección.

Puede que parezca que se escondan y se cubran alguna parte del cuerpo con sus brazos o manos. Como tantos otros asuntos, esta situación debería manejarse con precaución. Un intento de hablar con esa persona para establecer afinidad podría fallar, pero vale la pena el esfuerzo.

El objetivo de este capítulo no es sumergirse en los innumerables desordenes que puedan estar afectando a la población en general, sino alentar una mente abierta al relacionarse con las personas. Cualquier conducta extraña o lenguaje corporal observable puede que sea el resultado de las luchas personales de cada uno, que no se pueden conocer a menos que hayas sido víctima de las dificultades de estas complicaciones. Digamos que hay millones de personas diferentes en el mundo, cada uno viene con sus propias peculiaridades, que casi siempre se manifiestan en sus esfuerzos por comunicarse de un modo u otro.

Capítulo 8: Algunas aplicaciones prácticas.

Ahora que hemos planteado muchos aspectos acerca del potencial del subconsciente y cómo podemos utilizar el lenguaje corporal para aprender más acerca de las personas que nos rodean, podemos discutir algunas aplicaciones prácticas de lo que esto implica.

¿Cómo convertirse en un exitoso líder de equipo?

Existen muchas características que hacen que una persona sea líder de un grupo. Lo primero que debe tener es experiencia y pericia en el campo, para poder liderar al grupo exitosamente. Por ejemplo, un líder en un entorno de Información Tecnológica podría luchar para desarrollar una mejor relación con su equipo, si por ejemplo su equipo está compuesto de ingenieros mecánicos. Esto sucede porque en sus mentes, la mayoría de los ingenieros podrían estar inquietos debido a que su líder probablemente no comprende su problema.

Esto es algo que cómo líder no se tiene mucho bajo control. Sin embargo, hay muchas técnicas que puedes utilizar para condicionar sus subconscientes. Tu objetivo es hacerles pensar que eres un líder, más que un jefe. ¡Recuerda! Existe una clara diferencia entre ser un líder y ser un jefe.

Una de las principales causas de pérdidas

de las compañías es la actitud de los líderes de equipo. Un jefe no necesita lealtad y respeto de los miembros de su equipo y como resultado, la productividad de los equipos decrece. Una manera de eludir dichos problemas es que hay que estar seguro de ser un líder, no un jefe.

Una forma de hacerlo es realizar notas mentales acerca de lo que les gusta y no les gusta a las personas de tu equipo. Trata de averiguar qué les gusta fuera de su trabajo. Por ejemplo, deportes, series de TV, películas, políticas, etc. Esto es muy importante, trata de no dejar afuera a nadie porque cada uno de ellos es importante. Una vez que has realizado dicha observación y la has almacenado en tu memoria, trata de seguir indagando sus intereses. El último comentario deportivo, el último reparto de TV, debates políticos y así sucesivamente.

Trata de obtener la perspectiva de los miembros del equipo, escúchalos realmente. Volviendo a un capítulo previo, imita sus intereses y su lenguaje corporal. Los miembros de tu equipo sentirán que eres amigable y te llevarán sus penas y problemas en lugar de enfrentarlos solos. El coaching es otro método que ha ayudado a desarrollar las relaciones entre el líder y su equipo.

Conclusión.

La lectura del lenguaje corporal sólo puede ser confiable hasta cierto punto. Sin embargo, deberías tener en cuenta tus corazonadas más profundas al interactuar con otras personas. Si sientes un 'presentimiento' que algo es diferente de lo que se está diciendo, tal vez estés en lo cierto. Posees más intuición cuando se trata de lenguaje corporal de lo que realmente eres consciente. Puedes observar y practicar con distintas personas y en diferentes situaciones sociales para obtener mejores interpretaciones. Utiliza estas señales acerca de la gente para desarrollar conversaciones más sinceras y productivas.

Puede que sea una buena idea por momentos simplificar tus observaciones. La educación sobre lenguaje corporal no te lleva a leer la mente. Sin embargo, puedes obtener mucha más comprensión de cómo se sienten quienes te rodean y qué necesitan de ti. En lugar de tratar de discernir todo lo que observas en una hipótesis complicada, considera alcanzar un nivel de comodidad aceptable. Esto sólo se puede lograr identificando movimientos raros o momentos de relajación.

Las personas nerviosas y molestas serán más propensas a la ansiedad, parecerán alejarse de ti. Quienes disfruten de un mundo confortable se engancharán más contigo al conversar, queriendo iniciar contacto visual y manteniendo la parte superior e inferior de su cuerpo hacia ti. Darse cuenta de que alguien está incómodo tal vez no te indique exactamente lo que esperas encontrar, pero algunas preguntas bien pensadas pueden ayudarte a entender mejor de donde viene ese malestar.

La cara no muestra todas las señales, al contrario, puede ser muy desorientadora. Al menos que las encuentres con la guardia baja, las personas pueden ajustar fácil y rápidamente sus expresiones faciales para adecuarse al estado de ánimo o a las expectativas de la situación. Tal vez sea mejor tener en cuenta la totalidad del cuerpo de la persona. No es que haya que ignorar completamente las expresiones faciales, sólo darse cuenta que puede que no nos den toda la información que buscamos como el resto del cuerpo sí lo podría hacer.

También hay que tener en cuenta las excepciones a la regla. Diferentes personalidades y desórdenes pueden causar fluctuaciones en la consistencia de las señales del lenguaje corporal. Puede que no sea adecuado considerar tu conversación o tu presencia sea un único promotor para que el cuerpo hable. Las personas tienen muchos disgustos y aflicciones personales que pueden presentarse como malestar. Piensa que conoces a las personas con quienes interactúas y su patrón de conducta general cuando trates de descifrar las señales de su lenguaje corporal.

www.ingramcontent.com/pod-product-compliance
Lightning Source LLC
Chambersburg PA
CBHW071850070526
44583CB00016B/1618